GUIA-CHAVE DA LIDERANÇA REGENERATIVA

GUIA-CHAVE DA LIDERANÇA REGENERATIVA

BRUNA REZENDE ◆ FLAVIA LAFRAIA

ACTUAL

Rio de Janeiro, 2025

Guia-chave da liderança regenerativa

Actual é um selo da Editora Almedina Brasil do Grupo Editorial Alta Books (STARLIN ALTA EDITORA E CONSULTORIA LTDA).

ISBN: 978-65-834-0022-2

Impresso no Brasil – 1ª Edição, 2025 – Edição revisada conforme o Acordo Ortográfico da Língua Portuguesa de 2009.

Dados Internacionais de Catalogação na Publicação (CIP)

R48g

1.ed.- Rezende, Bruna.

Guia-chave da liderança regenerativa / Bruna Rezende, Flavia Lafraia. - Rio de Janeiro: Actual, 2025.

96 p.; 15,7 x 23 cm.

ISBN 978-65-834-0022-2

1. Liderança. 2. Desenvolvimento humano. 3. Regeneração. 4. Sustentabilidade. 5. Cultura organizacional. I. Lafraia, Flavia. II. Título.

CDD 303.34

Índice para catálogo sistemático:

1. Liderança - 303.34

Almedina Brasil é uma Editora do Grupo Editorial Alta Books

Produção Editorial: Grupo Editorial Alta Books
Diretor Editorial: Anderson Vieira
Vendas Governamentais: Cristiane Mutüs
Produtora Editorial: Luna Bolina
Revisão Gramatical: Ana Carolina Oliveira
Diagramação: IO Design
Capa: Rita Motta

ALTA BOOKS
GRUPO EDITORIAL

Rua Viúva Cláudio, 291 – Bairro Industrial do Jacaré
CEP: 20.970-031 – Rio de Janeiro (RJ)
Tels.: (21) 3278-8069 / 3278-8419
www.altabooks.com.br – altabooks@altabooks.com.br
Ouvidoria: ouvidoria@altabooks.com.br

Editora **afiliada à:**

ASSOCIADO

DEDICATÓRIA

A TODAS AS LIDERANÇAS QUE VIERAM ANTES, ÀS QUE ESTÃO presentes e às que virão; todas criando novas realidades prósperas, saudáveis e amorosas. Também dedico este livro ao meu Au Au, Bartolomeu, companheiro fiel nesta escrita e, ao Flávio, o amor da minha vida.

Bruna Rezende

DEDICATÓRIA

AOS LÍDERES QUE, COM CORAGEM E AMOROSIDADE, trilham o caminho da regenração inspirando um futuro próspero e vivo para o nosso planeta. Aos mestres e amigos da minha vida que sustentam minha essência com fé e ternura; aos meus pais, de sangue e de amor; ao Teo e Mia, meus filhos, que me revelam diariamente a beleza, a alegria e o sentido de estar aqui; e ao Felipe, meu amor, pela presença serena e pelo coração inteiro ao meu lado.

Flavia Lafraia

POR QUE ESCREVEMOS ESTE LIVRO

ESTE LIVRO É FRUTO DO ENCONTRO COM UMA GRANDE amiga, a Plim, com quem compartilho a mesma visão de mundo: a criação de caminhos para a era regenerativa. A escrita conjunta é parte da prática que o espírito do nosso tempo pede, a colaboração profunda.

A urgência do nosso tempo demanda clareza sobre nossa ação e o servir no mundo. E essa tarefa não é fácil, porque requer uma profunda investigação de quem somos. Não se pode dar algo que não se tenha, ou que não se tenha desvendado que se tenha.

Desde muito cedo sentia um desejo de compreender a existência e meu propósito de vida, sabendo que a forma como a vemos e compreendemos, determina como vamos atuar nela. E, a forma como vemos e compreendemos a vida se dá a partir da forma como fomos criados, do contexto social de nosso tempo e das feridas encapsuladas da infância.

Tudo isso cria uma lente de como vemos o mundo. Ademais, para conseguirmos, acessar quem realmente somos, e aí sim, nos relacionar, a partir de uma consciência conectada com o todo, com a sociedade e com a natureza, precisamos regenerar o que está degenerado dentro de nós e precisamos nos desvencilhar do que não somos, mas parecemos ser.

E, por isso, havia em mim um desconforto enorme em não compreender por que decidimos, enquanto humanidade, viver à luz de uma visão de mundo mecanicista que gera tantos excessos e, ao mesmo tempo, tanta escassez. Excessos na casa em que vivemos, aquecendo o planeta, acidificando nosso solo, poluindo o ar que respiramos e por aí vai. além, também, de escassez no que tange o bem-estar humano físico, mental, emocional e espiritual.

Fui, então, estudar economia. Como economista, ouvi no primeiro dia de aula: "...dado que os recursos são escassos...". Toda a teoria econômica dos últimos 250 anos se baseou nessa frase para dar o tom do comportamento humano no desenvolvimento de atividades visando a produção, a distribuição e o consumo de bens e serviços no planeta, o que nos levou a essa geração de excessos e escassez. Entre nosso teto (os limites naturais do planeta) e nossa fundação (o bem-estar humano), está a maneira como escolhemos gerar e gerir valor neste sistema econômico, no qual trabalhamos, influenciamos e alimentamos. E daí veio mais inquietação: Por que desenvolver uma ciência social que toma a escassez como ponto de partida e qualifica a natureza e os seres humanos como recursos?

Este livro é resultado dessa investigação em camadas profundas que tem a intenção de afirmar que: a partir do nosso desenvolvimento interno, podermos criar realidades saudáveis para nós mesmos, para a sociedade e para a natureza em um sistema econômico que seja vivo.

Essa investigação se traduziu em meu propósito profissional, em contribuir na construção de um sistema econômico como um sistema vivo de geração e gestão de valor positivo.

Acredito que a partir dessa jornada, vamos nos tornando líderes regenerativos, onde quer que estejamos, compreendendo que o desenvolvimento de si mesmo corrobora o desenvolvimento de times e comunidades, bem como aprimora a saúde do sistema como um todo.

Bruna Rezende

POR QUE ESCREVEMOS ESTE LIVRO

A IDEIA DO LIVRO NASCEU DA AMIZADE PROFUNDA, DE enorme conexão com a Bruna e da nossa visão compartilhada sobre o mundo. Sentimos a necessidade urgente de falar sobre uma nova forma de liderar que não apenas responda aos desafios do presente, mas que também opere na transição para uma economia regenerativa, rumo a um futuro mais harmonioso e sustentável.

Este livro é o fruto de nossas conversas, reflexões e experiências vividas, tanto em nossas carreiras quanto em nossas vidas pessoais. Nossa amizade e parceria nesta escrita são testemunhas de que, quando nos unimos em torno de um objetivo comum e em um estado de consciência elevado, podemos criar algo verdadeiramente significativo e impactante em um mundo sedento de mudanças positivas.

E esta crença me acompanha desde muito cedo, incentivando fortemente a colaboração ao longo da minha vida. A minha infância foi um período mágico, repleto de descobertas, conexões com a arte, com a natureza — além do meu profundo interesse nas relações humanas já percebendo a importância das conexões e da convivência. Tudo isso moldou a maneira como eu via o mundo e interagia com ele.

Essa perspectiva me permitiu enfrentar a vida com um espírito resiliente, pronta para abraçar o desconhecido e transformar os meus desafios em oportunidades. E, desde então, sentia-me como uma participante ativa na criação da minha própria história e percebia sutilmente que o meu crescimento não era apenas físico, mas também de formação emocional e intelectual e isso ajudou a não me vitimizar diante das circunstâncias da minha vida.

Viver com amor de forma natural encorajou-me a ser autêntica e a expressar a minha verdadeira essência. Percebi rapidamente que, quando me permitia amar e ser amada, sem reservas, abraçava quem eu realmente era, com as minhas imperfeições e singularidades. Isso me ajudou, a partir de então, a promover uma vida íntegra onde as minhas ações e valores estavam completamente alinhados.

O tempo passou e à medida que cresci, meu interesse pelas relações humanas se aprofundou e junto com ela o senso de justiça. Experiências importantes de trocas, conversas que exploravam ideias e perspectivas diferentes me ensinaram que a importância da comunicação aberta e honesta era fundamental para construir relações sólidas, respeitosas e significativas.

O mais interessante foi compreender que a qualidade das minhas relações, e, consequentemente a qualidade das decisões individuais e coletivas, estava intimamente ligada ao autoconhecimento e às crenças que eu carregava.

E mais! Compreendi como o bem-estar humano (sentir-se bem ou mal) estava profundamente interligado com a saúde do planeta! Afinal, é simples entender que quando os limites planetários são respeitados, os ecossistemas podem funcionar de maneira sustentável, garantindo recursos e serviços essenciais para a vida. No entanto, quando esses mesmos limites são ultrapassados, o bem-estar humano é comprometido de várias maneiras. Faz sentido para você? Pois é, sempre fez muito sentido para mim! Hoje, claramente pagamos o preço das decisões negativas da humanidade e suas consequências.

E a "virada" de chave aconteceu quando pude claramente perceber que quando passamos a entender as nossas emoções, nossos pensamentos e comportamentos, conseguimos alinhar nossas ações com nossos valores mais profundos, criando uma vida mais harmoniosa e saudável para todos e, consequentemente, a todos à nossa volta!

Todas essas percepções me levaram a escolhas profissionais guiadas por um propósito muito maior! A escola da arte, do direito, da sustentabilidade, do empreendedorismo e a carreira rumo à regeneração nos negócios como fatores fundamentais para construir um futuro mais justo e sustentável.

Este livro é um convite para que mais pessoas se juntem a nós nesta missão de liderar com propósito, compaixão e uma visão de mundo que reconheça a interdependência de todas as formas de vida. É um manifesto de minha crença na capacidade humana de construir um futuro melhor para todos!

Flavia Lafraia

PREFÁCIO

TEMOS O PRIVILÉGIO DE VIVER EM UM TEMPO EM QUE as mudanças acontecem em ritmo acelerado. Realidades são destruídas e reconstruídas na velocidade permitida pela própria consciência daquele que assume seu lugar nesse grande palco da vida.

Neste livro, as autoras trazem, com inteligência e sensibilidade, conceitos, reflexões e orientações precisas sobre o papel do líder como catalisador das transformações que precisarão acontecer no nosso mundo.

Nas últimas décadas, o líder passou de gestor de eficiência e produtividade para estrategista de inovação e competitividade. Com a valorização do capital humano, tornou-se um coach, especializado em motivar e engajar times. Mas as tecnologias avançaram rapidamente, trazendo o crescimento das startups, que exigiram um líder ágil e colaborativo. Agora, ele precisa ir além. Ele precisa regenerar.

O líder de hoje não apenas administra recursos, ele é o recurso. Seu estado interno reverbera no ambiente ao seu redor, influenciando não só os resultados, mas a saúde do sistema como um todo.

Essa compreensão me acompanha há anos, tanto no trabalho com lideranças conscientes, como consultora, quanto na terapia vibracional, como professora. Aprendi que a maior potência de um líder não está em suas técnicas ou estratégias, mas na frequência que ele irradia a partir do seu centro. Liderar não é apenas uma questão de decisões e ações concretas, mas de estado interno, de consciência e de presença.

Um líder que deseja regenerar sua equipe, sua organização ou sua comunidade precisa, antes de tudo, regenerar a si mesmo; e essa autorregeneração não acontece sem a integração entre luz e sombra, a compreensão de seus processos internos, o desenvolvimento da autorregulação emocional e o alcance do estado genuíno de presença.

O líder regenerativo aprende a se alinhar com sua essência, tornando-se um centro de gravidade para aqueles que lidera. E são os passos para chegar a esse lugar que este livro traz com tanta clareza e beleza.

Ao longo dos anos, falamos em economia verde, sustentabilidade, ecodesenvolvimento e ESG, embora esses conceitos nem sempre tenham se enraizado verdadeiramente na cultura das organizações.

Agora, estamos diante de um conceito mais forte, que não busca apenas minimizar impactos negativos, mas sim restaurar, revitalizar, fazer renascer e transformar. Talvez, desta vez, esse conceito tenha a força necessária para se consolidar na consciência das lideranças e das empresas.

Com uma abordagem que integra saberes ancestrais, contemporâneos e ciência, Bruna e Flavia fazem um convite poderoso para a transformação da liderança e das organizações. Elas nos guiam por uma jornada profunda que começa pelo despertar da consciência, passa pelo reconhecimento das fragmentações que carregamos e chega ao passo a passo efetivo da regeneração. São provocações que nos levam a repensar o que significa liderar, abrindo espaço para uma nova perspectiva — uma que não se ancora no medo, na escassez ou na competição, mas na cooperação, na compaixão e na sabedoria do coração.

Este livro é um guia essencial para quem deseja liderar as transformações que o nosso planeta tanto precisa.

Que esta leitura não seja apenas informativa, mas **transformadora**. Que inspire cada leitor a assumir seu papel nessa nova era da liderança, pois a verdadeira mudança no mundo começa quando um indivíduo tem a coragem de se transformar primeiro.

Wilma Bolsoni

SUMÁRIO

INTRODUÇÃO

ESTE LIVRO É UM GUIA PARA A JORNADA DE LIDERAR AS transformações necessárias do nosso tempo, sempre com um passo de cada vez. É um convite à ampliação da percepção do papel da liderança que, consciente do seu autodesenvolvimento, se auto responsabiliza e é capaz de influenciar a saúde do sistema como um todo, criando culturas regenerativas.

Se você quer integrar esses princípios e práticas regenerativas em suas áreas de atuação — sejam elas marketing, vendas, operações, finanças, RH, empreendedorismo, políticas públicas, terceiro setor — este livro é para você.

Siga as dicas a seguir para navegação no livro. Este livro não é um objeto, mas sim um sujeito que se transforma — e é transformado — a partir da percepção atenta da leitora. Ele está dividido em quatro tempos, sendo eles: o despertar, o integrar, o regenerar e o cultivar. Ao longo de toda a leitura, você será convidada a uma investigação pessoal para ver, ouvir, falar e sentir por meio da sugestão de exercícios, reflexões e contato com *podcasts*, artigos, vídeos e outros livros. Você verá, ainda, citações de grandes sábias no decorrer do livro, porque elas "deram dicas" valiosas para nós durante toda a história da humanidade, que se complementam e se entrelaçam na teia da vida. E, por fim, esse livro foi escrito no gênero feminino, somente como reparação histórica.

Desejamos que estas palavras toquem o seu sentir e sejam inspiração para você caminhar nessa jornada de transformação junto com a gente.

1

DESPERTAR

"A sabedoria não se transmite, é preciso que nós a descubramos fazendo uma caminhada que ninguém pode fazer em nosso lugar e que ninguém nos pode evitar, porque a sabedoria é uma maneira de ver as coisas".

Marcel Proust

PARA SABER PARA ONDE VAMOS E QUE FUTUROS QUEREMOS construir, precisamos saber onde estamos e como chegamos até aqui.

Então, como chegamos até aqui?

Os últimos quinhentos anos moldaram a visão de mundo reducionista que nos fez chegar até aqui em uma jornada de fragmentação de nós mesmos. Como você acha que essa fragmentação se deu?

Fragmentação do humano e a natureza

A revolução científica dos séculos XVI e XVII na Europa foi fundamental para rompermos com a visão dogmática da Idade Média, o que possibilitou o avanço de diversos campos do conhecimento que, mais tarde, inauguraram a Ciência Moderna. No entanto, os pensadores da época como Francis Bacon, René Descartes e Thomas Hobbes — que eram em sua maioria homens e brancos — propuseram uma visão de mundo reducionista e de domínio sobre a natureza.

Nesse momento da História, a natureza se torna um recurso a ser explorado a favor da humanidade, e então, nos separamos dela. Tudo que é separado de nós, vira recursos. E recursos podem ser explorados. "Hobbes, por exemplo, supôs que a humanidade e a natureza consistiam em unidades separadas e competitivas envolvidas numa 'guerra de todos contra todos' (Leviatã, 1651), uma suposição equivocada que ainda segue conosco e que influencia o Neodarwinismo, onde todo o processo de evolução é visto como um processo de dominação egoísta.

Ainda hoje, quando falamos sobre como a natureza funciona, muitos se referem automaticamente à dura luta pela sobrevivência num mundo de competição implacável. Mesmo os documentários de hoje sobre a natureza destacam os aspectos competitivos e minimizam a dinâmica colaborativa no trabalho (Hutchins & Storm).

Essa perspectiva distorcida influencia a forma como nos comportamos e nos relacionamos nos negócios, na política e na sociedade em geral. A competição é somente uma dinâmica dentre muitas outras na natureza. Se observamos a cosmovisão de povos originários do Brasil, por exemplo, a palavra natureza não existe em seu vocabulário. E, por quê? Porque o simples fato de dar um nome à natureza já a separa de nós. Reflita sobre isso.

A vida prospera de muitas maneiras, principalmente por meio da colaboração profunda. No entanto, nos últimos séculos, nos condicionamos a ver e atuar na vida sob a lente da sobrevivência, que mina o nosso potencial humano para nos conectarmos, coexistirmos e coevoluirmos.

Fragmentação do feminino e masculino

Sétima Lei Hermética, Princípio de GÊNERO: "O Gênero está em tudo: tudo tem seus princípios Masculino e Feminino, o gênero manifesta-se em todos os planos da criação".

Outro momento crucial no processo de fragmentação foi separarmos o feminino e o masculino enquanto energias complementares que existem dentro de todos os humanos.

Não se trata de gênero. Todos os homens e mulheres sustentam dentro de si ambas as energias, mas a lógica reducionista refutou o que estudos védicos de cinco mil anos já haviam nos ensinado: *akasha* ou *yin* (energia feminina), espaço que contém e existe simultaneamente à vibração; *prana* ou *yang* (energia masculina). O equilíbrio entre essas energias dentro de nós é sinônimo de um corpo saudável.

E, para agravar, assumimos a falsa premissa de que razão é gênero masculino e emoção é gênero feminino. Logo, em uma sociedade racional, a emoção não tem espaço, ou melhor, a mulher não tem espaço.

Vale lembrar que por três séculos, do século XV ao XVII, houve a caças às bruxas, período em que as mulheres eram julgadas e executadas. Desde os primórdios da humanidade, era papel das mulheres criar os filhos, transferindo conhecimento sobre como funcionava a natureza, as estações do ano, o plantio, quais animais e plantas eram perigosos. Consequentemente, começaram a aprender como funciona o corpo humano, como combater uma febre ou gripe e até mesmo uma dor de dente com o uso de plantas medicinais.

O ponto nevrálgico dessa constatação é que a lógica reducionista construiu uma visão de mundo tanto para homens, quanto para mulheres para se desenvolverem mais racionalmente e deixarem as emoções de lado. O problema é que isso não é natural. E, como somos seres naturais, é impossível. O não reconhecimento do que realmente somos e de nossas potencialidades leva ao adoecimento.

Em seu livro *O erro de Descartes* Demásio comprova isso. Para pensar bem e tomar decisões corretas é preciso manter a cabeça fria e afastar todos os sentimentos e emoções, certo? Errado. Na verdade, a ausência de emoção e sentimento pode destruir a racionalidade. Essa separação cria dualismos tradicionais do pensamento — humano e natureza, razão e emoção. E, com isso, tomamos decisões baseadas no "ou" que separa e não no "e" que integra.

Food for thought (...)

Mulher, quantas vezes em sua jornada profissional, você teve que se masculinizar para ser reconhecida? Mulheres privadas de se expressar. Da mesma forma, homens, quantas vezes tiveram que esconder suas emoções para não parecerem fracos? Homens privados de sentir. Pois bem, essa distorção é reforçada na visão de mundo mecanicista. Não em quem a gente é.Veja alguns exemplos de qualidades femininas e masculinas que todos temos. É lindo saber que podemos experimentar todas elas.. As energias femininas são: compaixão, colaboração, acolhimento, nutrição e interdependência. Por sua vez, as energias masculinas são: foco, assertividade, proteção, ação e independência. Você percebe que todas são qualidades que ambos os gêneros possuem? Ademais, percebe também que ambos os gêneros precisam desenvolver mais suas energias femininas para integrá-las dentro de cada um? A Maya percebeu:

> *"Minha missão na vida não é meramente sobreviver, mas prosperar; e fazer isso com alguma paixão, alguma compaixão, algum humor e algum estilo".*
>
> Maya Angelou

Pouco a pouco vamos descolonizando nosso pensamento e quebrando os muros internos que nos separam de quem realmente somos: seres integrais.

Fragmentação do dentro e fora de você

A lógica reducionista foca as partes em detrimento do todo. Isola-se uma parte para analisá-la de forma objetificada e desconsidera-se o todo. É um método de simplificação que pode ser útil e que trouxe muitos avanços em termos de tecnologia, transporte e produção. No entanto, como bem diz Ailton Krenak, "a vida não é útil". Essa abordagem não contempla a compreensão mais ampla da dinâmica interrelacional e interdependente dentro de nós, nos relacionamentos e com todos os sistemas vivos.

Esse método foi nos levando para a era mecanicista, em que concebemos o pensar e o fazer como se fôssemos máquinas que são compostas por peças. Em que tudo é preditivo e previsível, e o relógio comanda nossa produtividade. Viramos a sociedade da produtividade e do consumo. Produzir passa a ser um ativo de valor.

Deixamos de ser humanos e nos tornamos consumidores, dentro dessa sociedade. Não é por acaso que nos sentimos ameaçados pela inteligência artificial, uma vez que a forma como enxergamos a nós mesmos seja através da lente mecanicista. Não é possível de fato concorrer com máquinas. A boa notícia é que não somos máquinas e, por isso, temos o dever de resgatar nossa humanidade, criatividade, empatia, capacidade de sentir compaixão por nós mesmos, pelos outros e gratidão pela vida que atravessa tudo.

> *"A Terra é uma materialidade dessa vida. Nosso corpo, assim como o de uma formiga ou de uma borboleta, é a materialidade da vida. A vida passa na gente e vai para outro lugar. Ela não fica parada em lugar algum".*
>
> Ailton Krenak

Dentro de nós, por exemplo, há um sistema interligado e para funcionar, os órgãos precisam de um trabalho integrado do sangue fluindo, da troca de energia entre as células e por aí vai. Ou podemos observar, por exemplo, quando estamos trabalhando em um time, onde uma pessoa fica doente, logo outra pessoa fica doente, em seguida, mais uma pessoa. Algo na dinâmica daquele time parece estar doente e precisa ser investigado para ser regenerado. Se analisarmos de forma isolada, nunca conseguiremos encontrar uma solução de fato.

Quanto tempo você dedica a se investigar por dentro? Como estão suas emoções? Você se sente ancorado em si mesmo? Se sente em paz em habitar o seu corpo? Sente uma forte conexão interior?

De acordo com Giles Hutchins e Laura Storm, coautores do livro *Liderança Regenerativa,* muitos líderes hoje consideram as reações e percepções corporais irracionais e, portanto, não passíveis de entendimento. Em qualquer situação, muitos de nós recorremos imediatamente ao cérebro para analisar a situação, ignorando qualquer percepção intuitiva. Reagimos, em vez de fazer uma pausa, respirar fundo e enfrentar uma situação desafiadora com sabedoria. Nós nos afastamos involuntariamente de nós mesmos e da nossa realidade natural! Basta olhar para a maneira como abordamos a vida. Você já olhou para o conforto externo – um novo *gadget*, uma maratona de compras, comida especial, uma escapadinha de fim de semana, uma experiência de esporte radical, ou um encontro, quando se sente confuso ou perturbado por dentro? Você já dedicou mais horas ao trabalho na tentativa de se sentir (temporariamente) bem ou digno? Enquanto nos ocupamos com o 'fazer' exterior, estamos entorpecendo o nosso ser interior.

Não à toa, as relações públicas e a propaganda foram formatadas por Edward Bernays, sobrinho de Lacan! Ele descreveu as massas como irracionais e sujeitas ao instinto de rebanho e descreveu como profissionais qualificados poderiam usar a psicologia de multidões e a psicanálise para controlá-las da maneira desejada.

"A primeira regra é manter o espírito tranquilo"
Marco Aurélio

Fragmentação do lado direito e esquerdo do cérebro

Já é senso comum que o lado esquerdo do cérebro é responsável pelas funções ligadas à razão e o lado direito à criatividade, mas é muito mais do que isso. Segundo a neurocientista de Harvard, Dra. Jill Taylor, que teve um derrame do lado esquerdo de seu cérebro e passou a perceber a realidade a partir do lado direito: "Na experiência do lado direito do cérebro, tudo está conectado. Somos um com tudo o que existe. Precisamos de células na região parietal esquerda para definir os limites de onde começo e onde termino. Quando essas células ficaram *offline*, não houve limite físico. Eu era energia. Eu sou energia. Somos energia."

Nossa visão de mundo mecanicista exercita muito o lado esquerdo do cérebro, que é superimportante. No entanto, perdemos essa conexão com o todo ao não exercitarmos o nosso lado direito. Veja que incrível a integração dos dois lados, onde compreendemos a realidade mais ampla da vida, de que somos energia, com o contorno que o lado esquerdo proporciona. Essa constatação mais granularizada do nosso ser, que é a de que somos energia, nos ajudará e muito a compreender, em uma camada mais profunda, que a separação entre tudo que é vivo, incluindo os seres humanos, é um fenômeno ilusório criado pela mente. Que mente.

Bem, percorremos uma jornada que nos ajuda a compreender a moldura da visão de mundo mecanicista, que nos fez chegar até aqui.

Convidamos a fazer uma pausa para o café e uma reflexão sobre a conexão entre nosso processo de fragmentação e a Primeira Lei Hermética, a lei do Mentalismo: *"O todo é Mente; o universo é mental."* descrita no Caibalion publicado em 1908 e que reúne trechos dos escritos herméticos egípcios, sobretudo dos séculos II e III d.C, consolidados em 7 Leis Herméticas. Ao longo deste livro, conectaremos essas leis, a fim de compreender o fluxo de vida que vivemos e como podemos integrar as leis em nosso dia a dia.

Seguimos? Vamos avançar então. Agora, na perspectiva econômica, recapitular um pouco de como se deu a nossa trajetória nos últimos 120 anos nos ajudará a entender onde estamos.

Adotamos como único caminho de desenvolvimento econômico, o crescimento linear e infinito, mas de onde vem a obsessão por crescimento?

Kate Raworth, em seu livro a *Economia Donut*, explica que o PIB, jeito que medimos o desenvolvimento da economia hoje, foi inventado na década de 1930 do século passado e, rapidamente, se tornou o objetivo primordial da formulação de políticas, de tal maneira que, até hoje, as economias mais ricas do mundo acham que a solução para seus problemas econômicos é crescer mais.

Como isso aconteceu é melhor contado avançando-se mais adiante na história. Na década de 1960, W.W. Rostow, em seu livro *Os 5 estágios do desenvolvimento econômico*, usa a analogia de um avião na pista de decolagem para explicar que toda economia precisa passar por cinco etapas de crescimento. Primeiro, a sociedade tradicional, na qual a produção de uma nação é limitada pela sua tecnologia, suas instituições e mentalidade; depois, com as pré-condições básicas para a decolagem, dá-se início ao setor bancário, à mecanização do trabalho e à crença de que o crescimento é necessário para superar a si mesmo, como a dignidade nacional, ou uma vida melhor para seus filhos. Daí então, o **avião decola**, os juros compostos atingem as instituições da economia e o crescimento econômico se torna o novo normal. A quarta etapa é a maturidade, na qual você pode ter qualquer indústria, seja qual for a base de recursos naturais. E, na quinta e última etapa, a era do alto consumo em massa, onde as pessoas compravam os bens que quisessem. O problema aqui é que o avião nunca pôde pousar.

Perguntamos, isso é possível? Sabemos que não. Rostow deixa uma pergunta sem resposta no final de seu livro: "Então a questão a seguir, onde a história só nos oferece fragmentos, o que fazer quando o aumento da renda perder a graça?" Essa pergunta nunca foi respondida porque ele era conselheiro do candidato à presidência John F. Kennedy, que estava concorrendo com a promessa de um crescimento de 5% ao ano.

Passados mais de cinquenta anos, seguimos voando nesse avião do consumo em massa, que não tem permissão para pousar, como economias que esperam, exigem e dependem desse crescimento sem fim, porque estamos financeiramente, politicamente e socialmente viciados nisso.

Financeiramente, porque o sistema monetário exige a maior taxa de retorno possível, colocando empresas de capital aberto sob constante pressão para produzir mais, com mais *market share* e mais lucro.

Politicamente, porque os políticos querem arrecadar mais impostos sem aumentá-los, e o PIB parece ser uma boa saída para isso sem perder a licença social para operar.

Socialmente, porque há décadas somos bombardeados por propaganda para consumo para sermos convencidos de que nos transformamos a cada vez que compramos algo novo. Você já se pegou comprando algo que não precisava, para preencher algo dentro de si?

Precisamos prestar muita atenção aonde chegamos. Chegamos ao BANI, acrônimo formado pelas palavras *brittle, anxious, nonlinear* e *incomprehensible* — em português, frágil, ansioso, não-linear e incompreensível — que descreve o atual paradigma que a sociedade atual vive.

Você está respirando? Checa. Se sim, significa que está viva. E, tudo o que está vivo, está interligado, interconectado, dentro de você e fora de você.

Esse fluxo respeita a Segunda Lei Hermética, a da Correspondência: "O que está em cima é como o que está embaixo. O que está dentro é como o que está fora".

Você vê correlação entre o processo degenerativo que estamos provocando na natureza externa do planeta e da sociedade com a degeneração da natureza interna, a que está dentro de nós? Sim ou com certeza?

Sobre a **degeneração da natureza externa e da sociedade**, vivenciamos hoje a tripla emergência planetária e a acentuação das desigualdades sociais. Separemos, onde estamos, em cada uma delas.

A tripla emergência climática é composta por:

1. Ebulição climática

Aquecimento acelerado global que tem causado os eventos climáticos extremos, aqueles fora do padrão climatológico da região. De acordo com dados do IPCC (Intergovernmental Panel on Climate Change), nos últimos dois anos registramos a mesma quantidade de eventos climáticos extremos que nos últimos vinte anos.

Não é à toa que estamos envidando esforços em nível multistakeholder (governos, empresas, academias, ONGs, e sociedade civil) para alcançarmos o race to zero em 2050, ou seja, zerarmos as emissões de gases de efeito estufa até essa data.

2. Rápida perda de biodiversidade

De acordo com o WWF (World Wildlife Fund), nas últimas cinco décadas, perdemos 70% da vida selvagem no planeta, como pássaros, mamíferos, peixes, répteis e anfíbios. Isso devido ao fato, principalmente, do desmatamento de florestas, o consumo de recursos naturais para além dos limites planetários e a poluição em escala. Essa perda de vida no planeta é apontada por vários cientistas como a sexta extinção em massa, desde a época dos dinossauros, há 66 milhões de anos.

3. Poluição da água, ar e solo em expansão

A OMS (Organização Mundial da Saúde) revelou um estudo em 2022 de que 99% da população mundial respira ar insalubre. E, ainda temos dois bilhões de pessoas sem acesso à água potável. Além disso, o acúmulo de lixo sólido, como embalagens de plástico, papel e metal e de produtos químicos, como fertilizantes, pesticidas e herbicidas, são os principais fatores da poluição do solo. O que no Brasil já corresponde a 40% do nosso solo, que está degradado.

Sobre a acentuação das desigualdades sociais:

> *"As pessoas apoiam sempre os iguais. Então, uma mulher não serve para cargo de direção, nem um LGBT, nem um negro. E assim se assegura espaço para os mesmos — e isso vai entortando nossa sociedade, porque você precisa de pluralidade para progredir".*
>
> Cida Bento

O mundo é tão desigual quanto em 1800. E isso não é uma boa notícia de acordo com o estudo de Chancel e Piketty de 2021. Se considerarmos a mais conhecida das medidas de desigualdade, o índice de Gini, vemos que em nível global a desigualdade está diminuindo. Será mesmo?

Vamos nos aprofundar um pouco mais.

O índice de Gini é um indicador que vale 0 se todos os indivíduos do grupo de referência têm a mesma renda e 1 se apenas um indivíduo obtiver toda a renda produzida. O Índice de Gini valia 0,6 em 1820, depois a desigualdade aumentou de forma constante por quase um século e em 1901 valia 0,72. Nas décadas sucessivas ele oscila: primeiro cai e depois sobe. Depois de 90 anos, ou seja, em 2000, está novamente em 0,72 enquanto depois de duas décadas do século, ou seja, em 2020, caiu para 0,67.

A desigualdade, portanto, pareceria ser um problema em vias de ser superado: o mundo parece menos desigual hoje do que em 1910. No entanto, temos uma percepção do contrário.

Mesmo se considerarmos a parcela de renda dos 10% mais ricos da população mundial, dos 40% da classe média e dos 50% mais pobres, o mundo parece bastante estável ao longo das décadas. Os 10% mais ricos podiam contar com 50% da renda em 1820, percentual que sobe para 61% em 2000 e depois cai um pouco para 55% em 2020. Os 50% mais pobres da população mundial tinham 14% da renda em 1820, apenas 7% em 1910, até 5% em 1980, depois recuperaram um pouco e em 2020 novamente 7%. Uma desigualdade estrutural, tão antiga quanto o mundo ou pelo menos tão antiga quanto o nosso mundo contemporâneo, ou seja, um par de séculos.

A explicação é que o índice de Gini e outros indicadores medem a distribuição de renda em nível global, como se todos os indivíduos vivessem em um único grande país. Mas o mundo real não é assim.

Existem, portanto, duas desigualdades. E isso é chave!

Uma desigualdade **entre** países — por exemplo, a diferença entre o PIB dos Estados Unidos e o do México — e outra desigualdade **dentro** dos países, que registra a distância entre a renda de uma afro-americana de Chicago e a de um engenheiro de São Francisco, por exemplo.

Se olharmos para esses dois tipos distintos de desigualdade, a história muda bastante. Se considerarmos a desigualdade entre países, vista como a razão entre a renda média dos 10% mais ricos e os 50% mais pobres, cresceu de forma constante de 1820 a 1910, 1980 e depois começou a declinar.

A desigualdade dentro de cada país, calculada da mesma forma, aumentou gradualmente entre 1820 e 1910, depois caiu drasticamente entre 1910 e 1980, quando a tendência se inverteu e começou a aumentar para voltar ao ponto de partida, ou seja, aos níveis do início do século XIX (a desigualdade dentro dos países é calculada subtraindo-se a desigualdade entre países da desigualdade total, ou seja, aquela obtida assumindo que cada país tenha apenas cidadãos com renda igual à renda média).

Portanto, em termos de desigualdades sociais, o mundo de hoje parece com o de 1800, com uma diferença significativa: não podemos mais pensar em construir prosperidade baseados no colonialismo antigo, com pilhagens e escravidões, e nem mesmo sobre aquela prosperidade do início do milênio sob a forma de investimentos diretos em países estrangeiros com custos do trabalho e proteções muito baixos.

E, somamos ao desafio de redução das desigualdades sociais, a sua inserção no contexto de mudanças climáticas e projeção de aumento populacional: estima-se que adicionaremos dois bilhões de pessoas ao planeta até 2050, portanto, seremos 19 bilhões de habitantes.

Evidenciamos que a desigualdade de renda e riqueza contém a desigualdade racial e de gênero. Nossos super-ricos são, praticamente todos, homens e brancos.

De acordo com estudo da Oxfam Brasil de 2024, 63% da riqueza do país está nas mãos de 1% da população. O estudo afirma que, em média, a renda dos brancos está mais de 70% acima da renda da população negra.

Acerca das desigualdades de gênero, ainda que com os lentos avanços em relação à igualdade, levará 134 anos — aproximadamente cinco gerações — para alcançar a paridade total. Segundo o Índice Global de Disparidade de Gênero de 2024, divulgado pelo Fórum Econômico Mundial, o avanço mundial em relação ao tema foi de 0,1 ponto percentual desde o ano anterior.

Adicionalmente, a violência contra a mulher continua alarmante. Ao longo da vida, uma em cada três mulheres — cerca de 736 milhões de pessoas —, é submetida à violência física ou sexual por parte de seu parceiro ou violência sexual por parte de um não parceiro. Os números permaneceram praticamente inalterados na última década.

Todas essas constatações de onde estamos hoje, nos convida a olharmos para os dados que se referem a como estamos enquanto indivíduos.

Sobre a degeneração da natureza interna

Embora estejamos vivendo mais biologicamente e a expectativa de vida mundial seja ainda maior em 2050 — de até 78,1 anos —, impulsionada pelas melhorias nas taxas de sobrevivência de diversas condições de saúde, fica a pergunta: o quanto de vida há nesse aumento de expectativa de vida?

A transformação no perfil de saúde aponta uma transição de doenças transmissíveis e condições materno-infantis para doenças não transmissíveis como câncer e doenças cardiovasculares, ou seja, vamos vivenciar cada vez mais doenças crônicas, epidemiológicas e relacionadas à saúde mental.

De acordo com o estudo detalhado no The Lancet, este fenômeno é conhecido como a "transição epidemiológica" e reflete mudanças nos padrões de vida e problemas associados ao estilo de vida moderno.

O Brasil, por exemplo, é o país mais ansioso do mundo. De acordo com a OMS (Organização Mundial da Saúde), o país tem cerca de 15% da população sofrendo de ansiedade patológica.

Dentro desse estilo de vida moderno, está a dinâmica de trabalho nas organizações, que contribui para esse adoecimento. Uma pesquisa do Workforce Institute de 2024 constatou que a liderança influencia em 69% a saúde mental dos colaboradores, enquanto que os terapeutas em 41%.

Mas esses líderes também precisam de apoio: 25% se sentem frequentemente esgotados e 29% só fazem o que lhes é demandado (o *quiet quitting*). Isso gera uma baixa capacidade de inovação e da tão aclamada produtividade.

De acordo com estudos da Harvard Health, só produzimos 2 horas e 23 minutos das 8 horas de trabalho diária. Cerca de 71% das pessoas não têm coragem de declinar uma reunião em que não seja necessário participar.

Isso nos leva à falta de segurança psicológica no trabalho, em que somente 10,2% dos entrevistados sentem confiança para falarem de sintomas de burnout. E, somente 29% diz sentir uma comunicação clara e eficiente de seus líderes.

Para adicionar uma pitada de complexidade nesse caldeirão cultural organizacional, essa é a primeira vez na história que temos quatro gerações distintas trabalhando no mesmo ambiente de trabalho. Os *baby boomers* (1940-59), a *gen X* (1960-79), a *gen Y* ou *millenials* (1980 - 94) e a *gen Z* (1995 - 2010), que são de contextos de mundo diferentes, se comportam e consomem de formas diferentes. Veja que o dia a dia da liderança não está fácil.

Somado a isso, as mudanças climáticas começam a bater em suas portas de forma mais contundente por meio de prejuízos econômicos e riscos de transição ou físicos não contemplados em suas avaliações. Um estudo de 2024 do IBGC (Instituto Brasileiro de Governança Corporativa) apresenta que 59% dos líderes disseram que as organizações **não estabeleceram metas** para mudanças climáticas, 40% **não têm clareza sobre a responsabilidade** do conselho e dos executivos por essas decisões e 59% disseram que os seus conselhos **não analisam a estratégia do negócio** considerando pelo menos dois cenários de mudanças climáticas. Isso nos leva a concluir que temos um belo desafio, o de nos desenvolvermos de forma estruturante para liderarmos a partir de uma visão sistêmica integrada à lógica da vida, preparada para atuar frente às mudanças climáticas e sociais e ao mesmo tempo manter as organizações na rota da prosperidade.

Aqui há uma reflexão importante. Estamos apontando várias causas para os efeitos manifestados em doenças modernas. Causas como o tabagismo, a obesidade, a dieta inadequada, a falta de atividade física, a forma de trabalho organizacional que se manifestam em doenças físicas e mentais. No entanto, essas causas parecem não satisfatórias para uma compreensão mais ampliada da realidade. Há algo dentro de nós que aponta para uma investigação mais aprofundada.

O ensejo pede para recordarmos a sexta Lei Hermética, a Lei de Causa e Efeito, que diz: "Toda causa tem seu efeito; todo efeito tem sua causa; existem muitos planos de causalidade, mas nenhum escapa à Lei." Façamos uma pausa aqui. Sugiro fazermos uma respiração profunda três vezes e adentrar em mais uma camada para investigar a relação de causa e efeito dessas agruras modernas.

Neste capítulo, fizemos um belo voo para observarmos pontos-chave da nossa história de fragmentação, fruto da visão de mundo mecanicista e europeia dos últimos 500 anos que influenciou todo o ocidente.

Essa visão de mundo criou a ilusão de que somos separados da natureza; de que as qualidades energéticas de feminino e masculino se resumem a homens possuírem qualidades masculinas e mulheres possuírem qualidades femininas; de que a realidade física externa está desconectada da sua realidade interna; e, por fim, de que a nossa leitura do mundo através do cérebro, se dá mais por um hemisfério, o esquerdo, do que pelo outro, o direito. E, que, como efeito, produzimos o cenário de onde estamos hoje: uma sociedade doente, composta de indivíduos que adoeceram porque esqueceram quem realmente são.

"Abra os olhos. Ouça. Ouça"
Ursula Le Guin

Por isso, o primeiro passo deste guia-chave é o despertar. Despertar para ver que a realidade que você está vivendo hoje, não é você. Porque você não pode ser você se se percebe fragmentada.

Que tal um chazinho agora? Com parcimônia avançaremos um pouco mais. Ah, sugerimos seguir o conselho da adorada vovó Zilah: "Devagar, que temos pressa".

2

INTEGRAR

"Nada lhe posso dar que já não exista em você mesmo. Não posso abrir-lhe outro mundo de imagens, além daquele que há em sua própria alma. Nada lhe posso dar a não ser a oportunidade, o impulso, a chave. Eu o ajudarei a tornar visível o seu próprio mundo, e isso é tudo".

Herman Hesse

TODA A VISÃO DE MUNDO QUE ABORDAMOS NO CAPÍTULO anterior é formada em nossa mente (lembrando que o *"todo é mente; o universo é mental"*) através de formas-pensamento que criam caminhos sinápticos e colapsam em realidade física, manifestando a ilusão da separação.

Pã. Tela azul? Fica tranquila. A física quântica explica, lindamente (abordaremos esse tema ainda neste capítulo).

Bom, se tudo que se manifesta é criado inicialmente na mente, logo, precisamos cuidar muito bem do que pensamos.

É fácil? Não é. E por quê será? Porque criamos cercas em nossas mentes, mecanismos de defesas registrados na psique que nos protegem de traumas e feridas vividas, especialmente, na infância. Isso nos impede de vivermos a partir de quem realmente somos, sem as máscaras de proteção que te afastam e te fazem esquecer de si mesmo, e, portanto, adoecer. E, claro, se um adoece, adoecemos todos.

A filosofia de matriz africana, Ubuntu, nos presenteia com essa sabedoria ancestral: eu sou, porque nós somos.

Para descobrir quem você é, partiremos para o segundo passo deste guia-chave: o integrar.

"Para encontrar-te no infinito, deves distinguir e depois unir".
Goethe

O mergulho para dentro de si

Para se integrar, vamos investigar o que é o trauma, o por que criamos defesas e como agimos a partir delas.

O médico Dr. Gabor Maté, referência contemporânea nos estudos sobre traumas na infância e vícios, explica que o trauma não vem de um evento em si, e sim de você ficar sozinha com a sua ferida. Como muitos dos nossos traumas se dão na infância, não temos ainda condições de elaboração. Portanto, como mecanismo de defesa, as encapsulamos para não sentir dor.

Já aprendemos que a nossa mente cria o mundo, logo, responderemos a ele a partir de como o percebemos e não a partir do que aconteceu. E ficamos no presente respondendo ao passado. Isso é trauma.

Nós, então, só estamos respondendo a partir de feridas encapsuladas. Entende agora que sem essa consciência não é possível viver a partir de quem você é? Quando você reformula as coisas e vê a fonte dentro de você é libertador. Você deixa de ser a vítima de alguém que fez isso ou aquilo, compreende que é a fonte e torna-se poderosa. Lembra-se de Nietzsche quanto ele diz "Torna-te quem tu és"? Então, tinha uma pista ali. Essa compreensão nos pede para sermos compassivos conosco. E isso não muda somente a gente, mas também a sociedade e o planeta, uma vez que o mundo é quântico (calma, vamos chegar lá).

O trauma, então, nos faz viver uma vida se anestesiando. Entende por que vivemos em uma sociedade anestesiada? E isso envolve um tremendo gasto de energia para não sentir a dor. Quando nos regeneramos, essa mesma energia é liberada para o resto da vida e para o presente. Portanto, a energia do trauma pode ser transformada na energia da vida.

Temos uma chave aqui. Como transformar a energia do trauma em energia de vida? Entrando em contato com a dor e atravessando-a.

> *"Escute só, isto é muito sério. Anda, escuta que isso é sério! O mundo está tremendamente esquisito. Há dez anos, o Leon me disse que existe uma rachadura em tudo e que é assim que a luz entra, não sei se entendi. Você percebe alguma coisa da mistura entre falhas e iluminação?"*
>
> Matilde Campilho

A borboleta para concretizar o seu vir-a-ser antes é lagarta e fica apertadinha, cega, dentro de um casulo, até que esteja pronta para voar. Você acha que se a borboleta soubesse que teria que ser lagarta e passar por tudo isso, o faria? Claro que não. Seu destino é ser borboleta. Ela não tem escolha. E, por isso, ela não sabe. Ela só se torna, depois de concluído o seu processo de metamorfose. Diferente da gente. Por termos a escolha, escolhemos não sentir dor.

É compreensível que queira se proteger. Tudo aquilo que consideramos como doença e colocamos em um âmbito isolado, na verdade não é. Faz parte do nosso processo ruim de socialização e ainda consideramos como normal. Mas não é. Normose, sim, com certeza. O adoecimento do sistema como um todo, está ligado à desconexão individual de você consigo mesma e a nossa falta de habilidade para socializar.

O nosso desafio, portanto, é humano. É muito mais sobre não nos reconhecermos enquanto seres humanos, não conhecermos o que é próprio para o ser humano, não estar vivendo em condições que possibilitam a nossa humanidade realmente emergir. A filósofa Lúcia Helena Galvão diz que "arrumando o ser humano, tudo lhe será dado por acréscimo".

Acontece que estamos em um coletivo de pessoas traumatizadas que não cortaram o cordão umbilical com o "grande outro", como Freud já dizia. E ficamos presos a esses traumas, porque também não olhamos para ele como deveríamos. Então, quando brigamos com as pessoas, são reflexos de partes nossas infantis, na infância, que foram machucadas e que não foram regeneradas.

Nós adultos, na verdade, não somos nós. São a nossa defesa da parte que não foi conscientizada da infância.

E assim caminha a humanidade: seguimos sendo crianças em corpos de adultos, que não concluíram seu processo de individuação e, que, portanto, seguem repetindo os padrões familiares que perpetuam, no limite, a visão de mundo mecanicista. Espaços seguros para a gente sentir. Somos uma espécie de bando. A desconexão é entendida como morte. E, entramos em estado de sobrevivência. Todo ser humano tem um eu verdadeiro, genuíno e autêntico que nunca pode ser destruído e que fica encoberto pelas feridas da infância onde não se sentiu amado. E, todo ser humano, por ser uma espécie que "vive em bando", precisa um do outro para se reconhecer e se desenvolver.

Desde tenra idade, nos é ensinado que precisamos abrir mão da autenticidade para pertencer a uma determinada família, a uma determinada classe social, dentre outros. Assim, se tivermos que escolher entre conexão e autenticidade, abriremos mão da autenticidade para poder nos conectar. Sem conexão a gente não sobrevive.

Ao longo de nossa evolução, vivemos em comunidade, porque em grupo é mais fácil repelir ameaças e assegurar a sobrevivência. Sem esse apoio, o corpo entra em estado de alarme e a liberação do hormônio do estresse, o cortisol, se eleva e pode desencadear várias doenças. Portanto, já dizia o poeta Vinícius, "é impossível ser feliz sozinho". Estudos recentes correlacionam a solidão a risco de enfartes cardíacos, derrames cerebrais, câncer ou demência e Parkinson.

Então, à medida que vamos crescendo, como a autenticidade também é uma necessidade importante para nós, nos perdemos e começamos a vestir máscaras. E essas máscaras, elas são insustentáveis, porque se eu for quem eu sou, isso vai ameaçar a conexão. Por isso a perda de conexão representa perigo. Então, usamos as máscaras para estarmos conectados, mas, é uma conexão disfarçada, não é mesmo? Não nutre. Porque não é viva, genuína. É coisificada. Sabemos pela ciência, em estudos recentes, que a causa da longevidade das pessoas, se dá dentre outros fatores, mas primordialmente, pela qualidade das relações nutritivas que temos com os outros. E você, cultiva relações nutritivas?

O uso excessivo de telas, que roubam a nossa atenção, contribui para nossa fragmentação enquanto indivíduos. Estamos em tantos lugares ao mesmo tempo, que o espaço fica em suspensão. Perdemos a presença. E, sem presença, não conseguimos sentir, não experimentamos a vida com nossas mãos, com nosso corpo. Somos mentes vagando sem corpos.

Temos a falsa sensação de estarmos conectados, já que temos acesso a conteúdo de pessoas de todo o globo, mas, a verdade, é que estamos sozinhos. Você não acha estranho quando alguém te liga no telefone sem mandar uma mensagem antes, perguntando se pode ligar? Nos parece estranho hoje em dia, uma comunicação direta. Ao passo de estarmos vendo a taxa de natalidade de países como o Japão cair, pela dificuldade entre a população local de se relacionar. Em 2024, o governo japonês demonstrou preocupação com a baixa consecutiva nos índices de natalidade e passou a promover um aplicativo para que os nativos pudessem se relacionar.

Não por acaso, também, o mundo corporativo hoje reconhece que temos um corpo emocional, para além do corpo físico e do corpo mental. Dados todos os indicadores de saúde mental, reportados nas organizações.

O corpo como sujeito na experiência humana

Aqui vai mais uma chave! Toda a nossa experiência na realidade física se dá no corpo. E, ao nos desconectarmos do nosso corpo, nos desconectamos de nós mesmas.

Povos ancestrais sempre souberam disso, por isso existem tantos rituais de danças e movimentos livres de diversas culturas, como as danças circulares celtas, os dervixes rodopiantes da Turquia, as cirandas, o carimbó, a cumbia e tantas outras. Emergiu nos últimos anos o *ecstatic dance*, uma combinação de dança livre e a cultura de discotecagem com músicas que estimulam a meditação ativa. Observamos o surgimento de grupos de pessoas em várias cidades do mundo que se reúnem para dançar e se conectar consigo mesmas e em coletivos.

A humanidade sempre se movimentou. Mas, com a mecanização de tudo e, inclusive de nós mesmos, os humanos passaram a se movimentar cada vez menos. Não por acaso, temos uma população obesa e com sobrepeso em 62% no Brasil em 2024. Passamos o dia apertando botões, olhando para baixo para uma tela. Ou para frente para outra tela, seja a do computador ou depois da televisão.

Heráclito, filósofo helenista do século V a.C disse que: "Ninguém pode entrar duas vezes no mesmo rio, pois quando nele se entra novamente, não se encontram as mesmas águas, e o próprio ser já se modificou". Ou seja, tudo que é vivo flui e está em constante movimento. Logo, um corpo parado adoece.

Reflita, aqui. Você tem se movimentado com frequência?

A antropóloga Sâmia Fraxe fez uma investigação vivendo e trabalhando com diversos povos, como os indígenas Wai Wai na Amazônia, os aborígenes na Austrália, grupos de minorias do Myanmar refugiados na Tailândia, e refugiadas sírias na Grécia, para compreender, qual o papel da dança e do corpo dentro desses grupos. Para os Wai Wai, por exemplo, a dança é um elemento importantíssimo, que é ser fonte geradora de vida. Eles falam assim: "Tem que dançar e cantar todo dia, quem dança e canta é alegre e quem é alegre resolve problemas. Simples assim. Quem não dança e canta é triste e quem é triste cria problemas. Então eles não querem ninguém criando problemas. Eles querem soluções. Além disso, a vida na floresta exige de você soluções. Muitas pessoas falam que indígena é preguiçoso, com falas pejorativas. Eu digo, vai lá na aldeia, faça a metade do que eles fazem, aí depois a gente conversa. A dinâmica deles é diferente, a forma como eles tratam o corpo, como eles constroem os corpos dentro daquela sociedade, são diferentes".

Dentro da visão de mundo mecanicista, o corpo também torna-se algo útil, para ser usado, logo, o que fazemos? Esgotamos a energia do nosso corpo. Sentamo-nos para trabalhar, às nove da manhã e ficamos até às cinco da tarde sentadas. E, no final do dia, como estamos? Cansadas.

Os Wai Wai não esgotam o corpo, eles reciclam esse corpo. Eles fazem uma atividade intensa, uma atividade leve. Uma atividade intensa, uma atividade leve. Então, eles vão regenerando. Eles gerenciam a energia do próprio corpo. E isso é chave.

É interessante observar essa dinâmica, por ser um povo cuja cosmovisão se dá a partir da lógica dos sistemas vivos — claro que não com essa terminologia — que estão integrados a floresta, se percebem floresta e isso se traduz na forma com que eles lidam com o corpo físico deles, sendo a mesma como lidam com a floresta, e como se organizam dentro daquele coletivo. Por estarem em constante movimento, não chegam ao esgotamento. E isso faz com que eles sejam alegres. Nos parece ser uma prática regenerativa.

Sâmia continua: "entendendo melhor essa dinâmica, percebemos que a dança para os Wai Wai tem um lugar importante dentro de um âmbito social. Não é uma coisa só do indivíduo. Não. Nem é sobre coreografia. Quando é uma dança livre, simplesmente, você abre espaço no seu corpo para ele fazer o movimento que ele precisa fazer, você consegue reciclar o seu próprio corpo. Não só reciclar, como também aprender. E com os refugiados? Na Austrália, elas já estavam legais ali e podiam andar livremente pelo país, mas elas tinham perdido conexão. O senso de comunidade estava faltando. E, aí, elas começaram a entrar em depressão. Veja, quando você sai de um lugar de conflito, você sai correndo. Você não tem tempo para ficar mal. Você vai ficar mal na hora que parar. Na hora que parar, você entra em um ambiente onde ninguém vai te ferir, e onde entra a depressão. Porque é quando o corpo vai processar e digerir tudo o que aconteceu até ali. Fazíamos o quê? A gente dançava. Era isso que a gente fazia. Elas dançavam o que estavam sentindo".

Aprender a ouvir o seu corpo é uma dádiva. O que o seu corpo realmente está precisando? Será que é um descanso? Será que é respirar? Será que é simplesmente se sentir acolhida? Sentir que é seguro poder descansar? O mundo está tão hostil em muitos ambientes que o nosso corpo não sabe como descansar. Esse é um dos traumas que temos enquanto sociedade. É o ritmo do "estica a corda" ou do "no pain, no gain".

É urgente desenvolvermos múltiplas inteligências para além da racional. Aprendemos pelo corpo. Achamos que aprendemos pela mente, mas não. Dentro da fenomenologia da percepção, o aprendizado se dá no corpo.

Por exemplo, eu posso te ensinar a andar de bicicleta e aí eu vou te passar toda a parte teórica. Olha, sobe aqui, bota o pé aqui, segura aqui, e tal. Mas você só vai aprender a andar de bicicleta na hora que você subir em cima de uma e você desenvolver essa relação entre você e o objeto. Aí sim, organizamos e categorizamos na mente. Mas onde a gente aprende é através do sentido.

Portanto, é muito importante estarmos em constante refinamento dos nossos sentidos. Educadores como Satish Kumar e Vandana Shiva, nos ensinam que precisamos aprender a partir do "Hands, Hearts and Heads".

Ou seja, precisamos aprender a usar nossas mãos, aprender a desenvolver nosso coração para sentir e aí aprender com o intelecto e cabeça. Entretanto, o que fazemos hoje é usar a cabeça o dia todo, desconectado do sentir e do fazer pelo corpo.

Lembra que estamos construindo uma narrativa para acessar quem realmente somos? Veja, somos oito bilhões de pessoas no mundo e cada impressão digital é diferente uma da outra. Nenhuma é igual. Não é coincidência que se eu te der os mesmos ingredientes para fazer um pão e fizermos cada uma a mesma receita do pão e usarmos a mesma cozinha, ainda assim os pães sairão diferentes. Porque a sua mão e a energia que colocou para fazer esse pão são só suas. E, ainda assim, não a usamos.

Quanta potência de vida desperdiçada, não é mesmo? Não à toa, as identidades estão comprometidas.

Fomos treinadas para ignorar o que estamos sentindo. Quanto mais sensíveis nós nos tornamos mais vamos sentir tudo. Tanto as emoções positivas quanto as negativas, suas dores e delícias.

Portanto, minha querida, o desenvolvimento de nós mesmas vai ter que passar pelo nosso sentir. Precisaremos abordar a ética do amor. O acesso ao nosso coração ou ao quarto nível de consciência. Assim, alcançaremos a regeneração social e do planeta, criando futuros regenerativos para nossa espécie.

Já que sabemos que como todo ser vivo, ele tem a capacidade de autorregulação e estudos mostram que, caso a espécie *homo sapiens* deixe de existir, a natureza demoraria somente cem anos para se regenerar. Um piscar de olhos na linha do tempo.

A industrialização do olfato

Feche os olhos um pouquinho e respire. Sente cheiro de algo?

O nosso olfato foi industrializado. Ele representa nosso sentido mais primitivo. Por meio do olfato acessamos diretamente o nosso sistema límbico, parte do cérebro composto por uma estrutura de neurônios responsável pela sociabilidade, através de sentimentos e emoções. Sabe quando o cheiro de algo te remete a alguém ou a uma memória afetiva? É por isso. A historiadora Palmira Margarida fez um estudo percorrendo temas multidisciplinares que mesclam história, mitologia, contos de fadas, filosofia, artes plásticas, jornais antigos e estudos científicos recentes sobre o olfato, ilustrando como os corpos foram distanciados das experiências sensoriais que a vida proporciona junto à natureza e às plantas.

Enquanto no mundo natural os cheiros são importantíssimos na comunicação entre diversos seres vivos, sejam plantas, animais ou fungos, seja para atração, defesa ou alerta, na história da humanidade e do mundo "civilizado", as percepções relacionadas ao olfato tomaram um rumo diferente, marginalizado, afastado da visceralidade, da intuição e das emoções. Essa tentativa de afirmar uma superioridade do homem sobre a natureza e os outros animais, levou o olfato (sentido relacionado às memórias e ao comportamento instintivo) a ser classificado como inferior, primitivo e menos relevante.

A industrialização do olfato, portanto, foi capaz de transformar comportamentos e sensibilidades, alterar hábitos e criar padrões higienistas sobre os corpos, pela categorização de cheiros por dualidades: pureza ou pútrido, riqueza ou pobreza, profano ou sagrado, por exemplo.

Faça um exercício: experimente deixar uns ramos de alecrim na sua mesa de trabalho ou algumas gotinhas de óleo essencial em um algodão ao lado do computador. Mais focada agora?

Shakespeare, em *Hamlet*, pede à Ofélia para dizer a seu irmão, Laerte, que o alecrim é bom para a memória. E, passados séculos, os pesquisadores contemporâneos estão inclusive fazendo testes com idosos borrifando alecrim em quartos e comprovando a melhora da memória desse grupo.

O ciclo circadiano e o infradiano — nossa auto-regulação com a natureza.

Nós, humanos, possuímos ciclos de auto regulação em sinergia com a natureza. O ciclo circadiano em todos os humanos e, ainda o ciclo infradiano em mulheres que menstruam. Desaprendemos a seguir nossos ciclos.

O ciclo circadiano está vinculado ao nosso relógio biológico, sendo a forma que o organismo se regula entre o dia e a noite e é influenciado por fatores externos como claridade e escuridão. O cérebro recebe sinais com base no ambiente e ativa certos hormônios, altera a temperatura do corpo e regula o metabolismo para mantê-lo alerta ou fazê-lo dormir. Quanto mais alinhado estiver o nosso hábito diário com os ritmos da natureza, mais proveitoso e leve será o dia.

Pergunta: seus hábitos diários respeitam seu relógio biológico?

Já sabemos que se formos contra ele, teremos feedbacks. Poluição sonora, luz artificial, dietas ultraprocessadas e pouca atividade física influenciam nosso ciclo e, novamente, o que acontece? Desregulação das funções do corpo.

A boa notícia é que é possível ter uma produtividade saudável e sustentável: sono de qualidade, beber água, nutrição adequada. A ayurveda, por exemplo, há cinco mil anos nos ensina a olhar para o sol logo que amanhece, porque isso estimula a produção do hormônio da vigília. Simples assim.

E a desconexão com o ciclo infradiano, o ciclo menstrual? A situação se agrava porque as mulheres possuem ciclos mensais de mudanças hormonais importantes no corpo, logo mudanças no humor, nas emoções e na disposição. E seguimos agindo como se todo esse ritmo de vida não estivesse acontecendo. É completamente negligenciado.

Paramos de nos perceber e de respeitar as energias disponíveis em cada uma das quatro fases do ciclo. Há momentos de ação, há momentos de observação, há momentos de intuição aguçada e há momentos de recolhimento. Quando nos desconectamos dos ciclos naturais do corpo, observamos mais desregulação traduzidas, por exemplo, em epidemias de endometriose — cerca de 20% das mulheres no Brasil a possuem — ou retiradas de úteros — são aproximadamente, 600 mil cirurgias anuais no Brasil. Todos dados são do Ministério da Saúde de 2023.

Atenção, queridos homens, é importante que vocês também entendam o ciclo infradiano de mulheres do seu convívio. E também que as convidem para se escutarem. As relações serão mais harmoniosas e saudáveis para todos. Pergunta: Por que temos um corpo humano? Para termos a experiência humana. Sem um corpo humano não teríamos uma experiência humana. Concorda? Estaríamos experimentando uma outra coisa. Então, ele não é um veículo, porque ele não é um objeto. O corpo é um sujeito. E essa compreensão é muito importante para, novamente, sermos amorosas com nós mesmas.

Quais são os ritmos que o seu corpo está te convidando a fazer agora? Faça.

A relação com os outros — Espelho enevoado

"A mente é qual um espelho; colhe pó enquanto reflete; são necessárias as suaves brisas da sabedoria da alma para limpar o pó de nossas ilusões. Procura, ó principiante, fundir tua mente e alma".

Helena Blavatsky

Somos sistemas vivos aninhados interdependentes, que possuem dinâmica e nutrição. Somos, assim, inter-seres cuja existência se dá pela existência do outro. Por isso, o cuidado com as relações com os outros é tão importante dentro da visão regenerativa. Outra super chave!

Muitos povos deixaram registradas sabedorias que nos ajudam a compreender a dinâmica dos relacionamentos humanos. Os Essênios, por exemplo, uma comunidade que viveu no Oriente Médio por volta do século II a.C, trouxeram uma análise de nossas relações, classificando o modo como nos relacionamos em sete categorias. Tal análise ficou conhecida como os "Espelhos Essênios".

Em cada momento da nossa vida, nossa realidade interior é espelhada nas ações, nas escolhas e na linguagem das pessoas que estão à nossa volta. Estamos criando nossa realidade o tempo todo, estando conscientes disso ou não. E os espelhos estão nos avisando sobre o que estamos criando, porque refletem continuamente de volta para nós o que está sendo projetado do nosso interior. Ou seja, os outros, nossos espelhos, nos dizem como estamos dentro de nós.

Cada evento de espelhamento é uma oportunidade para reconhecer-se mais claramente. Dor ou frustração estão aqui para nos guiar para parte fragmentada de nós mesmos que está pedindo integração.

Quando você está no piloto automático, não está criando conscientemente. Quaisquer sejam as crenças ou programações que você escolheu acreditar na infância, elas criam em seu nome. E, por isso, quanto mais intencionalmente vivermos cada momento — decisão, emoção e pensamento —, mais seguiremos o fluxo natural da vida.

Quanto mais conscientes estamos a cada momento, mais fácil se torna reconhecer o que estamos refletindo nos outros, o que está dentro de nós. Assim, eles vão ficando cada vez mais sutis à medida que o tempo passa.

Os espelhos são:

- Espelho 1: reflete aquilo que somos

O que você vê fora de você é o reflexo exato de quem você é neste momento. Se estamos cercados de pessoas e modelos de comportamentos no qual domina a raiva e/ou medo, significa que estamos vibrando dessa forma. O que vemos no primeiro espelho é a imagem daquilo que nós somos no presente momento. Quem está próximo, apenas espelha de volta para nós.

Acha fulana arrogante? Melhor investigar o que há de arrogante em você.

- Espelho 2: reflete aquilo que julgamos

Mais sutil que o primeiro, este espelho nos fala de nossos julgamentos no momento presente. É algo que nos machuca ou tem grande carga emocional para nós. Pode ser algo que fizemos no passado e não perdoamos. É bom lembrar aqui que quando julgamos alguém com grande força emocional, estamos, provavelmente, julgando a nós mesmos. Aquilo que você está julgando, portanto, resistindo, é simultaneamente, o que você está alimentando, fortalecendo e atraindo para a sua vida.

- Espelho 3: reflete aquilo que precisamos reencontrar em nós

O terceiro espelho irá te mostrar algo que você perdeu, esqueceu, abandonou ou foi tirado de você. Quando vemos algo que amamos no outro, geralmente, é algo que perdemos em nossa própria vida. Isso pode se repetir até que resgatemos o que foi perdido em nosso ser. Essa sabedoria nos ajuda a acessar a inocência, a alegria, a curiosidade, a amorosidade ou outros atributos que renunciamos em algum momento da vida. Então, quando nos vemos diante de pessoas que apresentam esses mesmos atributos que perdemos no passado, o nosso corpo exprime uma resposta fisiológica que gera um atração magnética pela pessoa que traz aquele atributo.

- Espelho 4: reflete o amor não concluído

O quarto espelho reflete algo que foi muito amado por nós no passado e que não foi adequadamente concluído. Esse amor poderia ser um estilo de vida, uma relação inacabada que se perdeu. Esse espelho nos permite observarmos nós mesmos em um estado de dependência e compulsão.

Através desses sentimentos, renunciamos lentamente as coisas que nos são mais valiosas. Associamos os comportamentos compulsivos e de dependências, não somente álcool ou drogas, mas vícios mais sutis, como o controle familiar ou no trabalho.

- Espelho 5: reflete a mãe e o pai

Esse espelho permite ver melhor e mais profundamente por que vivemos a vida de um determinado modo. O quinto espelho nos mostra nossos pais, a interação com eles e o quanto eles nos influenciam. Geralmente, nos aproximamos de pessoas que nos convidam a agir como nossos pais.

- Espelho 6: reflete a noite escura da alma

O sexto espelho é quando encontramos nossos maiores desafios e medos, e quando usamos todas as ferramentas para confrontar e lidar com eles.

Nesse espelho, as partes reprimidas, que você um dia escondeu, são refletidas de volta para você pelas pessoas ou circunstâncias que aparecem em sua vida.

- Espelho 7: reflete o seu autoconceito

Esse espelho reflete nossa percepção de nós mesmos, tanto consciente quanto inconscientemente. As pessoas vão aparecer na sua vida para refletirem como você se trata. Se tiver baixa autoestima e não se considerar merecedora de amor ou, não reconhecer em si, a própria beleza, os outros irão refletir isso para você, e não enxergarão o valor e a beleza que você possui. O convite aqui é para aprendermos a ser autocompassivas e abraçarmos todos os nossos aspectos.

Você está consciente de como se relaciona consigo mesma? Desidentificar-se da sua imagem para ver quem as pessoas realmente são. Ou melhor, quem realmente você é naquele momento, sem julgamentos.

A nossa capacidade de reconhecer o que está fragmentado dentro de nós e realizar a travessia de nós mesmas integrando o nosso ser, a partir das experiências vividas, é a chave para a auto-maestria. O objetivo é se ver por inteiro. Essa é a jornada: a conquista de si mesma. Essa compreensão a guiará a se tornar uma liderança regenerativa.

As relações humanas, portanto, são instrumentos de regeneração.

Sócrates também deixou uma pista quando disse: "*Conhece-te a ti mesmo e conhecerás o universo e os deuses*".

Você percebe que tudo o que acontece em sua vida é um reflexo de si mesma? Isso é fantástico porque nos faz compreender que somos inteiramente responsáveis pela experiência humana que vicenciamos. E, para nos apoiar na prática diária da auto-responsabilização, vai aqui um presente: os quatro compromissos da filosofia tolteca.

1. Seja impecável com a sua palavra

As palavras têm imenso poder e não devem ser usadas de modo leviano. Diga apenas aquilo em que acredita, usando corretamente sua energia.

2. Não leve nada para o lado pessoal

Não absorva insultos e não se deixe levar por adulações. Exercite a isenção em relação às opiniões alheias

3. Não tire conclusões

Atenha-se à realidade imediata e concreta. Exercite a transparência e o diálogo, sem mal-entendidos.

4. Sempre dê o melhor de si. Nem mais, nem menos.

Lembrando sempre o que Guimarães Rosa dizia:
"É junto dos bão que a gente fica mió".

A teia invisível da vida

O reconhecimento da integração que existe em nós, que se estabelece nas relações sociais e na relação com a natureza externa, se dá por uma teia invisível composta por energia, frequência e vibração.

Vamos nos aprofundar um pouco mais para ampliar a nossa percepção? Recorremos, então, à física quântica para nos ajudar.

"Se você quiser descobrir os segredos do Universo, pense em termos de energia, frequência e vibração".

Nikola Tesla

Temos aqui a oportunidade de ver a vida como matéria e energia, simultaneamente, conforme demonstrou Einstein, em sua "Teoria da Relatividade". A massa nada mais é do que uma forma de energia. A matéria é simplesmente energia desacelerada ou cristalizada. Logo, nossos corpos são energia.

Todas as formas de irradiação eletromagnética aparecem não só como ondas, mas também como partículas (*quantum* ou pacotes de energia). Mas não são ondas reais, como as do som ou da água, ao contrário, são ondas de probabilidade. As ondas de probabilidade não apresentam probabilidades e coisas, mas antes probabilidades de interconexões. Sei que é um conceito difícil de entender, mas essencialmente, significa que não existe uma "coisa". O que costumávamos chamar de "coisas" são, na realidade, "eventos" ou caminhos, que podem tornar-se eventos.

A visão de mundo mecanicista de objetos sólidos e leis determinadas da natureza está dissolvida agora em uma visão de mundo de modelos de interconexões em formas de onda.

Reflexão: seria a consciência uma onda?

O universo inteiro parece uma teia dinâmica de modelos inseparáveis de energia, que sempre inclui o observador de modo essencial. No nível do humano, percebemos então que as velhas formas do "ou isso ou aquilo" se dissolvem na forma de ambos/e, como já mencionamos anteriormente, mas aqui compreendemos essa integração em nível quântico. Já não somos bons ou maus. Já não amamos ou odiamos alguém. Encontramos, dentro de nós, capacidades muito mais amplas. Podemos sentir amor e ódio e emoções intermediárias pela mesma pessoa. Porque tudo é composto da mesma energia: preta e branca, masculina e feminina, interno e externo. O mundo, portanto, possui opostos aparentes que se completam.

Não vemos o ar e mesmo assim o respiramos. Não vemos o vento e mesmo assim o sentimos. Certo?

Cientistas trouxeram experimentos interessantes para nossa investigação. Em 1971, por exemplo, Dennis Gabor recebeu o prêmio Nobel por haver construído o primeiro holograma, uma fotografia sem lente em que um campo de ondas de luz disseminadas por um objeto, era registrado como padrão de interferência sobre a chapa. Quando se coloca o holograma ou o registro da fotografia num *laser* ou num raio de luz coerente, o padrão original de ondas se regenera numa imagem tridimensional. Cada pedaço do holograma é uma exata representação do todo e reconstruirá a imagem perfeita.

O doutor Karl Pribram, neurocientista de Stanford, demonstrou evidências de que a estrutura profunda do cérebro é, essencialmente, holográfica. Sua pesquisa demonstra que o cérebro estrutura a visão, a audição, o paladar, o olfato e o tato, holograficamente. A informação é distribuída por todo o sistema, de modo que cada fragmento produz a informação do conjunto. Ele afirma que o cérebro emprega um processo holográfico para absorver um domínio holográfico que transcende o tempo e o espaço.

Nos parece então, que podemos descrever a experiência humana como um fenômeno em que, ao mesmo tempo, observamos e criamos. Cada observação cria um efeito no que é observado. Constatamos nesse nível de compreensão que todas as experiências estão interligadas. Portanto, se permitirmos que a inter-coerência ingresse em nossos processos cognitivos, perceberemos todos os acontecimentos independentemente do tempo. Mas, assim que dissermos "nós" ou "eu" cairemos de volta no dualismo. É difícil experimentar essa coerência quando nossa principal experiência de vida é dualista. A percepção holística está fora do tempo linear e do espaço tridimensional e, por conseguinte, não será reconhecida com facilidade.

A meditação é um dos meios de extrapolar os limites da mente linear e perceber a coerência das coisas, tornando-a uma realidade experiencial. Seguindo as descobertas do século passado que nos ajudam a compreender a realidade, de acordo com a teoria da relatividade de Einstein, o espaço não é tridimensional e o tempo não é uma entidade separada. Intimamente ligados entre si, formam ambos um contínuo tetradimensional, o "espaço-tempo". Dessa forma, não podemos falar em espaço sem falar em tempo, e vice-versa. Ademais, não existe um fluxo universal de tempo, ou seja, o tempo não é linear. O tempo é relativo. A saber, dois observadores ordenarão diferentemente no tempo uma série de eventos se se moverem a velocidades diferentes em relação aos eventos observados. Por conseguinte, todas as mensurações que envolvem o espaço, se tornam meros elementos para descrever o espaço. O tempo e o espaço são tão fundamentais para as nossas descrições dos fenômenos naturais, e de nós mesmos, que sua modificação supõe uma modificação de toda a estrutura que usamos para descrever a natureza a nós mesmas. O contínuo espaço-tempo nos diz que a aparente linearidade dos acontecimentos depende do observador. Precisamos integrar à nossa vida o que Einstein nos ensinou.

Logo, o tempo não existe. Ou melhor, só existe no contexto biológico/psicológico. Já vimos que temos um relógio biológico inter relacionado com os ciclos naturais, que regula o funcionamento e duração de todo o organismo. Esse relógio, na verdade, não é baseado em "tempo", mas o traduzimos de forma inconsciente como sendo algo temporal. E cada espécie de ser vivo tem uma regulagem diferente de tempo biológico, que dita seu nascimento, amadurecimento e morte. Essa regulagem faz com que cada espécie sinta a "passagem do tempo", de uma forma diferente. A sobrevivência foi o fato que levou a humanidade a pensar o tempo para compreender e vivenciar a diversidade do espaço físico à nossa volta. Era preciso entender quando plantar e quando colher, e as estações do ano. E, como na sequência de dias e noites junto com as estações do ano, formamos essa ideia que percebe o tempo como uma entidade linear.

Faremos uma pausa agora. Que tal: "Vamos explorar mais um pouquinho os conhecimentos da física e ampliar a nossa percepção"?

A terceira Lei Hermética: o Princípio da VIBRAÇÃO: "Nada está parado, tudo se move, tudo vibra." A terceira Lei Hermética trata do movimento inerente ao universo. Tudo se move, pois tudo vibra. Tudo é composto de átomos em constante vibração. O movimento é o que leva a mudanças e as vibrações ocorrem em diferentes graus. Por meio das vibrações, podemos estar mais próximos do caos ou da harmonia e isso pode ser controlado. Nas frequências mais altas estão aquilo que não é visto; nas frequências mais baixas estão as vibrações da matéria.

Logo, matéria é energia desacelerada. Isso nos ajuda a compreender, da perspectiva da física, que se tudo é energia, e a realidade que percebemos enquanto material é somente energia desacelerada, então, tudo na vida é sobre cuidarmos da nossa energia. E, nossa energia, dentro da amplitude do que essa palavra significa, depois de tudo que abordamos até aqui.

A ciência natural de Goethe

"Os lábios da sabedoria estão fechados,
exceto aos ouvidos do entendimento"
Caibalion

Goethe, mais conhecido por suas obras literárias, foi na verdade, um grande cientista muito à frente de seu tempo. Ele desenvolveu um pensamento científico orgânico que nos ajuda na tecedura que estamos cocriando juntas aqui. Ele observava a natureza e desenvolveu uma corrente de pensamento que influenciou muitas outras, gigantes, como a de Rudolph Steiner da Antroposofia.

Goethe nos ensina que diferentes elementos da natureza estão interligados e não devem ser estudados isoladamente. Essa perspectiva ressoa com o que chamamos de "emergência", que destaca que fenômenos e propriedades complexas emergem das interações de componentes mais simples. Na compreensão de Goethe, algumas entidades são capazes de surgir inteiramente diferentes das relações e interações entre suas partes. Ele se interessava em capturar os aspectos qualitativos da natureza, concentrando-se nas qualidades experienciais e sensoriais dos fenômenos. A "emergência" geralmente envolve o resultado de novas qualidades ou propriedades que não podem ser reduzidas à soma (quantidade) de partes individuais.

Ele enfatiza a ideia de um "todo implicado", por assim dizer, uma inter-conectividade vasta dos fenômenos. Darwin, por exemplo, na primeira seção de *A Origem das Espécies* (versão de 1872), atribui a Goethe como sendo um dos pais fundadores da teoria evolutiva. Suas ideias fornecem uma base filosófica para a compreensão de como a complexidade, a ordem e as novas propriedades podem surgir das interações de componentes mais simples no mundo natural.

Destacamos que a emergência nos traz uma nova abordagem em relação à lógica reducionista, que reduz processos em simples leis físicas da matéria. É uma espécie de processo natural no instante em que várias coisas se unem para confeccionar uma nova forma que não estava apenas na soma das partes — dizemos, portanto, que o todo é uma coisa nova em relação às suas partes.

Como na teoria das cores, de Goethe, luz e escuridão se misturam para formar um novo fenômeno na natureza: a cor. Atenção. Atenção. Atenção. Nova chave aqui.

Goethe denomina esse fenômeno de "turvação", enquanto ele define a cor como sendo uma espécie de "luz sombreada", justamente o ato de turvar o claro no escuro ou o branco no preto e vice-versa.

Assim como Newton, mas sistematicamente diferente, Goethe faz uma série de experimentos com o prisma para provar que as cores eclodem entre a interação qualitativa da luz com a escuridão. Esta foi uma abordagem diferente de Newton, que tentava reduzir a cor como sendo os raios monocromáticos puros de luz, separados por um meio transparente. Mas, Goethe diz que é necessário algum tipo de escuridão como meio para criar um fundo para que a luz engendre a cor.

Por exemplo, se você vir a escuridão no fundo, verá a cor azul na fronteira entre a escuridão e a luz (como o céu é azul, porque o espaço sideral atrás é negro); opostamente, se você vir luz ao fundo, supondo que esteja em um ambiente mais escuro (primeiro plano), verá o amarelo aparecendo nos limites da luz e da escuridão como luz sombreada (como ocorre no crepúsculo). Azul e amarelo são cores complementares e a interação de ambas resulta no espectro infinito de cores.

Assim como o amarelo e o azul são cores complementares, uma vinda do preto e, a outra, do branco, elas se acentuam mutuamente e essa polaridade e intensificação acontecem tanto na percepção quanto na natureza.

Com efeito, as duas coisas, natureza e percepção, como um evento emergente, são intimamente análogas e estão interligadas para Goethe, pois a escuridão acentua a luz e vice-versa. Ou seja, o azul aparece mais vivo em contraste com o amarelo e vice-versa. Portanto, se não houvesse azul, veríamos mais branco em vez de amarelo e se não houvesse amarelo, veríamos mais preto em vez de azul.

Total, quarta Lei Hermética, não é? O Princípio da POLARIDADE: "Tudo é duplo, tudo tem dois pólos, tudo tem o seu oposto. O igual e o desigual são a mesma coisa. Os extremos se tocam. Todas as verdades são meias-verdades. Todos os paradoxos podem ser reconciliáveis."

O fascínio por essa constatação lógica, a lógica da vida, demonstrada por Goethe em sua Teoria das Cores, nos fez ficar absolutamente fascinadas pela arte de James Turrell, artista americano conhecido por seu trabalho dentro do movimento Luz e Espaço. Ele é considerado o "mestre da luz", com instalações artísticas em vários lugares do mundo que misturam luz natural com cores artificiais através de aberturas nos tetos, transformando assim os espaços internos ao mudar e mudar sempre de cor. Ele compreendeu a criação de cores, a partir da polarização de luz com o escuro. Absolutamente, genial!

Um pensamento integrado ao sentir. Uau!

Para Goethe, toda a natureza é viva e é dotada de vida ou anima (alma), até processos físicos como a luz são considerados entidades vivas para ele. Newton, ao propor que a luz seja o arranjo de sete raios monocromáticos separados, mata o fenômeno da própria luz. Goethe diz que essa separação dos feixes de luz é uma tortura instrumental contra a natureza; ou seja, esta ação, por intentar forçosamente obter conhecimento é a resposta do homem (nem trazemos, aqui uma correção histórica de gênero — correto seria humano — porque se trata do homem, gênero masculino mesmo), mas não a resposta da natureza como Ela gostaria de emergir.

Goethe nos ensina que a natureza não veste um "véu metafísico", ao passo que, nesse sentido, o homem só poderia conhecê-la forçando-a para isso. Mas a natureza é, antes de tudo, exatamente o que há para se conhecer, e nossa intuição é, segundo o poeta, o órgão de conhecimento mais aguçado conectado a Ela, por assim dizer, nossa "cognição primeira" acerca da realidade, o que irá fundamentar todo o resto; nenhuma ideia esquemática poderia efetivamente provar o que é a natureza. Até porque, segundo Goethe, a natureza não é apenas um "isto", ou seja, um objeto inanimado, nem os entes físicos nem os minerais são destituídos de vida. Povos originários nos ensinam a mesma coisa: a natureza é casa, família, tem nome, humor e personalidade.

De qualquer modo, Goethe pensava que a evolução e a vida são entidades emergentes na natureza, e, por isso, primordialmente sintéticas. Suas ideias cruciais à ideia de evolução natural são os conceitos de ***Bildung*** (formação) e o ***Ur-phänomen***. Esse último é o fenômeno primordial, mas a maneira que gosto de chamá-lo é "o fenômeno originante" (ou seja, com o sufixo "-ante", que exprime agência), você entenderá o porquê logo à frente.

Para o poeta, entidades complexas na natureza se formam pelos novos avanços no aspecto da entidade primordial (***Ur-phänomen***). Considerando que, quando esta entidade simples se combina consigo mesma, por assim dizer — ela cresce — ou se preferir, "brota" em uma formação inédita, como ele pensa que as flores e os frutos são formações criativas da folha como uma entidade mais básica ou quando ele dá o exemplo de a caixa craniana e o cérebro ser uma irrupção do que antes era uma simples vértebra e medula; e então a linguagem, como uma transformação do que antes era simplesmente processos cerebrais e articulação sonora isolada na boca.

Não obstante, essa ideia de processo emergente é contraditória com o pensamento aristotélico clássico de que os organismos crescem porque uma vez já tiveram a configuração/esquema para isso, ou, se preferir, a "potencialidade" para crescer em suas formas, como se nada fosse realmente adicionado ao processo. Cresceu porque já estava lá de alguma forma (no programa criador, por assim dizer, em seu "software"), sendo apenas uma questão de "atualização".

Mas o ***Ur-phänomen***, *como* Goethe *define*, não é isso. O processo de formação (***Bildung***) que permeia o fenômeno originário, ou "originante", não poderia ser redutível à forma mais simples, pois as flores não são apenas modos quantitativos das folhas — as flores não são apenas folhas — embora venham de uma simples folha. Dessa forma, a ***Bildung*** não é uma questão de quantificação, mas de qualificação. Por exemplo, a caixa craniana e o cérebro são qualitativamente distintos de uma vértebra e da medula óssea, apesar de ser uma extensão dela.

O crânio no animal não é mais a vértebra, mas surgiu como uma formação totalmente nova ou, se preferir: um órgão de novidade.

É por isso que não gostamos de denominar o ***Ur-phänomen*** de "fenômeno original", ou "primordial", porque ele não é apenas o primeiro, mas também o processo, isto é, o fenômeno originante, porque ele está sempre ativo para criar novos órgãos na natureza, o ***Ur-phänomen*** não é uma forma inata e estática do universal platônico, como vemos na teoria das ideias de Platão; ele é o horizonte da possibilidade.

É por isso que Goethe insiste, em seu livro *A Metamorfose das Plantas*, em dizer que a natureza se trata de formações ***(Bildungen)***, e não sobre formas estáticas ***(Gestalten)***. Desta maneira, O ***Ur-phänomen*** cria novas possibilidades. Não se pode sequer prever o quão criativa a natureza agirá. Em botânica, Goethe associou isso ao fenômeno da filódia: o crescimento anormal das plantas em órgãos folhosos, indicando que esses órgãos estavam emergindo como uma espécie de sofisticação da folha.

Assim, órgãos como flores e frutos foram uma evolução da planta que não poderia ser antecipada na história natural, no tempo real. Era uma novidade na natureza, como qualquer outra entidade natural. A ***Bildung*** do todo é sempre algo mais do que suas partes.

Em suma, a evolução da vida, nos termos em que Goethe pensava a história natural, não poderia ser reduzida simplesmente à concepção fixa das formas, como Aristóteles pensava por influência platônica. Mas Goethe troca a ideia de "forma" por ***Bildung*** (formação), ou seja, quando a dinâmica (mutação) e a novidade são adicionadas à ontologia do ser vivo como seu aspecto mais poderoso para existir, enquanto os processos naturais não são o tipo de coisa que pode ser antecipada e prevista por leis puramente mecânicas, como Descartes, Newton e mesmo Lineu pensaram com o mecanicismo e a ontologia clássica do mundo natural fixo, aquele iniciado não como um processo, mas já organizado (em essência).

A natureza, portanto, é um constante vir-a-ser, sendo. E, a cada momento há algo novo surgindo. Quando nos percebemos integrados à lógica da vida, tudo fica mais interessante, instigante e o momento presente é o melhor lugar para estar. Concorda?

Neste capítulo percorremos várias possibilidades simultâneas de se perceber um ser integral consigo e com o todo. Quanto mais nos aproximamos de nós mesmos mais acessamos o que é autêntico em nós. E, podemos, portanto, exercer nossa liderança a partir da nossa essência — aquilo que nos faz integral e singular — e realizar nosso potencial nutrindo os sistemas aninhados (dentro e fora de você) que constituem a integralidade da vida. Isso é ser uma liderança regenerativa, porque gera valor para o todo.

3

REGENERAR

Dear darkening ground,
you've endured so patiently the walls we've built, perhaps
you'll give the cities one more hour
and grant the churches and cloisters two.
And those that labor—let their work grip them another five hours, or seven,
before you become forest again, and water, and widening
wilderness in that hour of inconceivable terror
when you take back your name from all things.
Just give me a little more time!
I want to love the things
as no one has thought to love them, until they're worthy of you and real.

Rainer Maria Rilke

QUERIDA, NO CAPÍTULO ANTERIOR, CONVIDAMOS VOCÊ a olhar para dentro e se perceber. Agora, convidaremos você a olhar ao redor para ver, com a lente da lógica da vida, como na prática a integração entre o desenvolvimento de si mesmo, o desenvolvimento de times e comunidades e o aprimoramento da saúde do sistema como um todo, nos indica os caminhos para a economia regenerativa em que nos reconciliamos com nós mesmos e atuamos a partir da nossa potência, ou seja, regeneramos de dentro para fora, para gerar valor para o todo.

Vivemos a transição para a economia regenerativa — sistema de geração e gestão de valor positivo — em que os negócios são forças que operam para gerar valor sistêmico positivo a partir de sua atividade central, melhorando a saúde ecológica, aumentando o bem-estar social e promovendo a resiliência econômica. Isso só é possível se atuarmos a partir da lógica da vida, deixando ir do nosso espectro de visão, a lógica reducionista.

Para navegar nesse contexto, precisamos de lideranças que compreendam seu papel nessa transição, vejam as oportunidades de negócios que existem e queiram colocar sua energia a serviço da construção dessa nova economia. Assim, nosso papel, enquanto líderes regenerativos é o de atuar para deixar melhor, o lugar que encontramos. Convidamos você a navegar nos principais eixos do desenvolvimento da economia regenerativa, sendo elas: energia limpa e renovável; adaptação climática; economia circular e de materiais; superciclo tecnológico: inteligência artificial, biotecnologia e ecossistemas conectados; bioeconomia e neoindustrialização; mensuração, valoração e créditos de impacto; renda digna ou salário digno.

Energia limpa e renovável

A transição energética global representa um desafio no sentido de propiciar desenvolvimento econômico e social a partir de menores emissões de carbono e com maior participação das fontes limpas e renováveis, sendo uma jornada que envolve não só a geração de energia, mas também o consumo e o reaproveitamento dela. O conceito parte da migração de matrizes energéticas poluentes — como combustíveis fósseis à base de carvão ou petróleo — para fontes de energia renováveis, como hidrelétricas, eólicas, solares, hidrogênio verde e de biomassas.

Mas não é só isso. O olhar da transição energética se estende para o meio ambiente, gestão de resíduos, eficiência energética, digitalização e outros meios necessários para que atinjamos o objetivo comum de reduzir as emissões de gases de efeito estufa (GEE) e as suas consequentes influências nas mudanças climáticas e atingir o Net Zero em 2050 (zerar as emissões líquidas de gases de efeito estufa no mundo).

Transição energética no Brasil

A produção e consumo de energia a partir de fontes renováveis é um aspecto tão importante quanto o acesso à energia elétrica no Brasil. Segundo o Banco Mundial, ainda existem 840 milhões de pessoas sem acesso à energia elétrica no mundo e é por isso que se fala em transição justa, pois ainda não é possível equilibrar o sistema e aumentar o acesso à energia somente com fontes renováveis em todos os casos.

Nesse cenário, o gás natural funciona como um combustível intermediário, pois, embora seja de origem fóssil, tem menor emissão de CO2 em comparação a outros combustíveis fósseis.

O Brasil pode ser protagonista e liderar a transição energética no mundo pelo seu potencial de produção de energia limpa: E2G (etanol de segunda geração), Hidrogênio Verde e biometano, por exemplo.

De acordo com os dados da Agência Nacional de Energia Elétrica (ANEEL) em 2024, foram alcançados 200 GW de energia sendo, 84,25% oriundos de fontes renováveis e 15,75% de fontes não renováveis (1% Nuclear). Atualmente as três maiores fontes renováveis que compõem a matriz de energia elétrica brasileira são Hídrica (55%), Eólica (14,8%) e Biomassa (8,4%) e das fontes não renováveis, as maiores são Gás Natural (9%), Petróleo (4%) e Carvão Mineral (1,75%).

No Brasil, a transição energética para uma economia de baixo carbono deve passar por mudanças nas áreas de transporte, uso do solo e aproveitamento de resíduos. No transporte, essencialmente o rodoviário, a sociedade, empresas e os governos devem avaliar alternativas como a eletrificação de ônibus e caminhões para rotas de curta distância, e o uso de combustíveis renováveis, como o biogás, o biometano e o etanol.

No caso do etanol, o grande incentivador de uso ainda é o preço. Mas a transição energética deve ir além disso. Deve ser o reconhecimento de toda uma cadeia de consumo e suprimento por trás desse combustível.

Estamos acompanhando o desenvolvimento do etanol de segunda geração, o E2G — ou etanol celulósico, como também é conhecido — produzido a partir do bagaço residual da produção de açúcar e etanol convencional (E1G), o que o torna uma opção ainda mais sustentável. Em comparação com o etanol convencional (E1G), a tecnologia do E2G nos permite produzir mais energia, com menor emissão de gases do efeito estufa (GEE), a partir da mesma área plantada de cana-de-açúcar. Isso significa uso mais eficiente do solo, maior produtividade e um produto ainda mais interessante — e com um prêmio maior — no mercado internacional.

Com uma pegada de carbono 80% menor que a gasolina comum brasileira e 30% menor que o Etanol de Primeira Geração (E1G), esta iniciativa representa uma inovação tecnológica significativa no setor de bioenergia. Novos arranjos, mecanismos financeiros e marcos regulatórios estão surgindo no Brasil como a regulamentação do mercado de crédito de carbono que está em trâmite para aprovação.

Adaptação climática

É essencial compreendermos a adaptação climática dentro do enfrentamento das mudanças do clima. Desde a Revolução Industrial, que teve início no século XVIII, estima-se que as atividades humanas foram responsáveis por aumentar a temperatura média global entre 0,8°C e 1,2°C, conclusão respaldada pelo Painel Intergovernamental para as Mudanças Climáticas (IPCC) das Nações Unidas. A princípio essa variação pode parecer pequena, mas foi grande o suficiente para impactar a vida na Terra.

Geleiras derreteram, o nível do mar subiu e tempestades e secas intensas castigaram o planeta, entre outros eventos extremos. Como as transformações estão em curso e muitas regiões já enfrentam consequências práticas, a adaptação climática é essencial para que a população esteja preparada para enfrentar os desafios de um planeta cada vez mais quente.

De acordo com o pesquisador sênior do Instituto ClimaInfo, Shigueo Watanabe: "adaptar significa tomar medidas para mitigar impactos e proteger as vidas das populações mais vulneráveis aos efeitos do clima". A adaptação climática pode ser feita com investimento em infraestrutura, como a construção de muros mais altos em regiões litorâneas, ou com planejamento urbano, ao prever a remoção de pessoas que estejam vivendo em áreas de risco.

Para a diretora de Ciências da ONG The Nature Conservancy (TNC), Edenise Garcia, a adaptação climática representa um conjunto de estratégias de permanência ou sobrevivência às mudanças do clima quando as consequências dessas transformações serão inevitáveis. No caso das cidades costeiras, Edenise afirma que muitas podem ser totalmente transferidas para regiões mais elevadas. Espécies vegetais mais resistentes a altas temperaturas ou à seca podem ser utilizadas na restauração vegetal de áreas desmatadas ou na produção agrícola. "A adaptação climática é uma forma de se ajustar ou se preparar para as mudanças climáticas", conclui.

Além das medidas necessárias para proteger as vidas das pessoas mais vulneráveis e garantir moradia em locais adequados, ações de adaptação climática são essenciais para o planejamento estratégico de setores econômicos.

O agronegócio, por exemplo, responsável por mais de 30% do PIB (Produto Interno Bruto) do Brasil, depende diretamente do clima para manter a produtividade. Com informações sobre padrões de chuva, produtores rurais podem se planejar para colher as safras nos meses que serão mais produtivos. Atividades industriais também dependem de disponibilidade hídrica e de geração de energia, entre outros serviços atrelados aos recursos naturais, para que se mantenham produtivas.

De acordo com dados da *The Economist*, a América Latina é a segunda região com menos resiliência às mudanças climáticas e poderá sofrer uma redução de 3,8% no PIB (Produto Interno Bruto). A região está à frente somente da África, que sentirá a economia encolher 4,7%.

Nesse contexto se aplica o que chamamos de **Justiça Climática**, como algo que leva as economias mais desenvolvidas a arcar com os custos adicionais, que foram repassados ao resto do mundo, subtraindo recursos adicionais do bolo cujas fatias se tornaram cada vez mais desiguais.

Economia circular e de materiais

A economia circular é o sistema que procura um melhor aproveitamento dos recursos no processo de fabricação das empresas, priorizando a utilização de insumos duráveis e renováveis. Este conceito visa a minimizar o desperdício, promover a sustentabilidade e gerar valor a partir de elementos que, de outra forma, poderiam ser considerados subprodutos inutilizáveis.

A ideia por trás da economia circular é estender a vida útil dos recursos naturais, permitindo que as organizações minimizem sua dependência de novos materiais e diminuam os custos de energia associados à criação de produtos a partir do zero. O sistema ganhou destaque em 1989, com o lançamento do livro *Economics of Natural Resources* [Economia dos Recursos Naturais, em tradução livre]. Na obra, David W. Pearce e R. Kerry Turner, ambientalistas e economistas ingleses, citam o termo pela primeira vez e o descrevem como um contraponto ao modelo de economia linear.

Uma economia circular visa a prolongar a vida útil dos recursos, mantendo-os em uso pelo maior tempo possível. Isso pode ser alcançado por meio de práticas como reutilização, reparo, reciclagem e modelos de produto como serviço. Neste modelo, os produtos são desenvolvidos tendo-se em mente o fim de sua vida útil, para que os materiais possam ser recuperados e reutilizados em novas aplicações.

As etapas percorridas pela economia circular no processo de fabricação: extração, transformação, consumo do produto, manutenção e reparo da mercadoria usada, reutilização do produto completo ou parte dos materiais, e reciclagem ou tratamento dos materiais para descarte correto.

As etapas iniciais seguem a base da economia tradicional linear, mas com foco no uso de recursos renováveis ou reciclados, bem como no reaproveitamento de materiais. Depois, são adicionadas etapas de tratamento e manutenção para ampliar a vida útil dos insumos, reutilizando-os sempre que possível.

Quais são as características desse modelo de economia?

Segundo a Ellen MacArthur Foundation, existem três princípios bases do modelo, que são essenciais para entender como funciona a economia circular. São eles: preservação e melhoria do capital natural, estímulo da efetividade do sistema para produzir resultados positivos a todos os interessados, redução do desperdício a partir da restauração e do melhor aproveitamento de rendimento dos recursos naturais.

Economia linear e circular: quais são as diferenças principais?

A principal diferença entre a economia linear e a circular são os processos de cada uma. No modelo linear, não há a reutilização de materiais, como acontece no sistema circular. Na economia linear, as matérias-primas são extraídas, usadas uma vez e depois descartadas como lixo. Já o método circular é baseado em um processo cíclico, que acrescenta etapas a esse sistema com o objetivo de aproveitar ao máximo os recursos e reutilizá-los ou reciclá-los ao fim de sua vida útil. Ao adotar essa abordagem, é possível que grandes organizações consigam reduzir o impacto ambiental enquanto ainda inovam e se mantêm competitivas no mercado.

Hoje, o volume de lixo produzido no Brasil é alto, mas a destinação correta dos resíduos recicláveis ainda é baixa em algumas regiões do país. Segundo dados do Panorama dos Resíduos Sólidos, produzido pela ABRELPE (Associação Brasileira de Empresas de Limpeza Pública e Resíduos Especiais), o Brasil gerou mais de 80 milhões de toneladas de lixo em 2022.

No Norte do país, apenas 36,6% do lixo reciclável produzido teve destinação correta. No Nordeste, o índice foi de 37,2%, enquanto no Sudeste foi de 74,3%. Essa distinção entre as regiões indica a necessidade de otimizar os processos de forma homogênea e a economia circular é uma das soluções disponíveis para alcançar esses resultados.

Superciclo Tecnológico: Inteligência artificial, biotecnologia e ecossistemas conectados

Do ponto de vista econômico, um superciclo é um período de expansão. Segundo o FTI, ele aconteceria quando se tem uma demanda crescente por um período prolongado que eleva preços e ativos a alturas sem precedentes. Em 2023, a empresa de tendências Tech Trends Report observou o surgimento de um desses superciclos.

"No passado, eles eram definidos por uma única tecnologia. Não é isso que está acontecendo agora", contou a futurista Amy Webb. O fenômeno seria definido por três tecnologias: inteligência artificial, ecossistemas conectados das coisas e biotecnologia. Cada uma delas, por si só, já representa um impacto significativo. Mas, juntas, elas seriam capazes de transformar a economia e a maneira como vivemos, aponta Webb.

Inteligência artificial

Para falar sobre inteligência artificial, Amy voltou um ano no tempo quando, no palco do SXSW, pediu que ferramentas de geração de imagem por IA criassem ilustrações de CEOs de empresas e recebeu uma série de imagens de homens brancos. A futurista repetiu o exercício e, ainda que a discussão sobre IA tenha avançado, o resultado foi o mesmo.

"Não é um bug. É um problema fundamental no modelo", criticou Webb. Em paralelo, se hoje para obter as respostas da IA é preciso fazer as melhores perguntas, Amy garante que daqui a dois anos não será mais preciso tratar com especificidade. As ferramentas de IA estariam evoluindo para partir de ideias básicas e construir pensamentos complexos do "conceito ao concreto", descreveu. Em contrapartida, houve um alerta para a disponibilização desenfreada de modelos de código aberto.

Isso porque, uma vez acessíveis, eles poderiam ser usados para finalidades negativas e perigosas, sem que as empresas de tecnologia responsáveis por distribuir os modelos sejam responsabilizadas.

Ecossistemas conectados

Para Webb, em pouco tempo, os *large language models- LLM* — base para a criação, por exemplo, do ChatGPT — devem se tornar insuficientes e serem substituídos por *large actions models-LAM*. Isso porque os dados disponíveis online, usados para treinar IA, estão limitados pela impossibilidade de interagir em tempo real com humanos.

Entram em cena, então, os *conectables*, aparelhos vestíveis que contam com sensores capazes de captar dados visuais e sensoriais humanos. O exemplo mais palpável disso seria o recém-lançado Apple Vision Pro em 2023. Para Webb, por trás da contrapartida de oferecer mais imersão aos usuários, existe a possibilidade de desbloquear um novo universo de dados e aprendizado de máquinas.

"Eles estão sendo desenvolvidos para ler as suas intenções", afirma a CEO do FTI. "O seu face computer vai saber o que você pretende fazer antes mesmo que você faça", acrescenta. Além de captados, posteriormente, esses dados poderiam ser usados para treinar novos modelos artificiais.

Biotecnologia

Fechando a tríade do superciclo tecnológico, a biotecnologia seria a responsável por mover a tecnologia, como conhecemos, para além dos sistemas criados pelo Vale do Silício. Isso vem tomando forma por meio da Organoid Intelligence (IO), um campo emergente de estudo, que usa material biológico e culturas 3D de células cerebrais humanas para reproduzir o processamento de informação, assim como tecnologia de interface cérebro-máquina.

Vejam quantas oportunidades aqui em convergir esse superciclo tecnológico para a criação de impacto techs e apoiar a resolução dos 17 ODS (Objetivos de Desenvolvimento Sustentável) da agenda 2030 da ONU (Organização das Nações Unidas).

Bioeconomia e a neoindustrialização no Brasil

A reunião do G20, o fórum de cooperação econômica internacional criado em 1999 em resposta às crises econômicas da década de 1990, que acontecerá no Brasil em novembro desse ano se aproxima. Com isso, se aproximam também as discussões sobre as oportunidades que o país tem em atrair capital internacional e parcerias que contribuam para desbloquear o potencial brasileiro em desenvolver sua neoindustrialização por meio da Bioeconomia.

E o que é Bioeconomia? É um sistema econômico no qual recursos, processos e princípios biológicos são utilizados para fornecer bens e serviços, abrangendo agricultura, silvicultura, pesca, produção de alimentos, biotecnologia e bioenergia. Essencialmente, a bioeconomia centra-se no aproveitamento do potencial dos recursos biológicos renováveis, tais como culturas, florestas, algas e organismos marinhos, para produzir uma vasta gama de produtos, desde alimentos e medicamentos até biocombustíveis e bioplásticos.

O Brasil, nesse contexto, tem um potencial gigante de crescimento econômico, por integrar:

- **Maior biodiversidade do planeta**: o Brasil possui ecossistemas vastos e diversos, incluindo a Floresta Amazônica, o Cerrado e extensos litorais. Esses ecossistemas abrigam uma riqueza de recursos biológicos, como plantas, animais e microrganismos, que podem ser utilizados em diversas atividades bioeconômicas.
- **Potência agrícola:** o Brasil é um dos principais produtores agrícolas do mundo, com forte ênfase em culturas como cana-de-açúcar, soja, café e laranja. Esta proeza agrícola proporciona uma base sólida para a bioeconomia, uma vez que os resíduos agrícolas e a biomassa podem ser utilizados para produzir biocombustíveis, bioquímicos e outros bioprodutos.
- **Potencial de energia renovável:** o Brasil fez avanços significativos na produção de biocombustíveis, especialmente etanol derivado da cana-de-açúcar. O país tem uma das maiores indústrias de biocombustíveis do mundo, com o etanol amplamente utilizado como aditivo de combustível na gasolina/diesel ou como combustível independente. A experiência do Brasil em bioenergia está alinhada com os objetivos da bioeconomia para reduzir a dependência de combustíveis fósseis e mitigar as mudanças climáticas.
- ***Hotspot* de biodiversidade:** o Brasil abriga uma impressionante variedade de espécies vegetais e animais, muitas das quais possuem propriedades bioquímicas únicas com aplicações potenciais em **biotecnologia**, produtos farmacêuticos e outros setores. A rica biodiversidade do país oferece amplas oportunidades para a bioprospecção e o desenvolvimento de novos bioprodutos.
- **Desafios ambientais:** o Brasil enfrenta desafios ambientais como desmatamento, degradação de terras e perda de biodiversidade. A adoção de uma abordagem bioeconômica pode oferecer soluções sustentáveis para estes desafios, promovendo a utilização responsável dos recursos naturais, reduzindo a desflorestação através de práticas sustentáveis de gestão dos solos e promovendo esforços de conservação.

A integração desses atributos pode ser a alavanca de um novo modelo de produção industrial baseado no uso de recursos biológicos. De acordo com a

Associação Brasileira de Bioinovação (ABBI), estima-se que essa atividade industrial gerará cerca de USD 300 Bi até 2050.

Compreendemos que existam três frentes de atuação de desenvolvimento para chegarmos nesse valor, sendo elas:

Políticas para mitigação de emissão de GEEs (Gases de Efeito Estufa)

O país se encontra num momento crucial rumo à descarbonização de sua economia. Além da estreia no mercado regulado de carbono estar num horizonte próximo, o governo lançou em setembro de 2023 o Programa "Combustível do Futuro", que traz um conjunto de iniciativas para promover a mobilidade sustentável de baixo carbono, e a Câmara dos Deputados aprovou projeto de lei, originado e aprovado no Senado, estabelecendo o marco legal das atividades de captura e armazenamento de dióxido de carbono (CCS) em reservatórios geológicos no país. Somado a isso, a iniciativa privada, seja por pressão de investidores, clientes e acionistas, seja por convicção estão se organizando cada vez mais em suas jornadas de descarbonização. Essa combinação de esforços é saudável, uma vez que na economia internacional, a baixa pegada de carbono é cada vez mais percebida como sinônimo de qualidade do produto. Assim, há uma tendência do mercado de pagar um prêmio por processos produtivos que obedecem a boas práticas.

Consolidação da produção de multi-combustíveis na matriz energética brasileira

O Brasil já tem a matriz energética mais limpa comparada a EUA, Europa e China e vem se consolidando como um potencial exportador de energia renovável quando falamos em Biomassa, Hidrogênio Verde e Etanol de segunda geração, por exemplo.

Estima-se que consigamos reduzir em 550 milhõesde toneladas de carbono na atmosfera até 2050 com o aumento do uso de biocombustíveis, bioquímicos e outros produtos de origem biológica no Brasil.

Intensificação de tecnologias bio-renováveis soluções que impactem o aumento da produtividade na agricultura, liberando áreas para culturas energéticas e que reduzam as emissões durante o processo produtivo, tais como:

- Proteínas alternativas
- Fixação de carbono no solo
- Variedades vegetais de alto rendimento
- Fixação biológica de nitrogênio
- Controle biológico

Com isso, a conversão de biomassa em bioprodutos de alto valor agregado, importantes para a substituição de produtos de origem fóssil e viabilizar assim, economicamente, o desenvolvimento de biorrefinarias, com a produção de bioquímicos, enzimas, biofertilizantes, biomateriais, e biocombustíveis. Para tanto, é importante fortalecer cadeias produtivas que utilizam recursos naturais de forma sustentável.

Acreditamos que essa seja uma grande oportunidade para a economia brasileira: a integração da agricultura e da indústria, tornando-as parte do mesmo processo de desenvolvimento econômico. Temos a oportunidade de cultivar e aprimorar nossa agricultura a favor da produção de alimentos, fibras, energia, prestação de serviços ambientais e ecossistêmicos, química verde, dentre outros. Ou seja, temos a oportunidade de desenvolver uma economia regenerativa interna, e liderar a agenda global de transição climática.

Mensuração, valoração e geração de créditos de impacto

A avaliação de impacto é uma ferramenta estratégica valiosa. Ela fornece às organizações dados e evidências que permitem refletir sobre as abordagens adotadas e oferecem suporte para o processo de tomada de decisão. Também torna possível analisar a relação de causalidade entre as intervenções e os impactos percebidos, identificando fatores que são fundamentais para impulsionar as transformações, outros que não contribuem de forma tão direta e, ainda, limitadores e fatores que criam obstáculos.

Assim, permitem também refletir sobre estratégias para potencializar as transformações desejadas e têm o potencial de fortalecer o diálogo com investidores e com o setor público, auxiliando organizações a manterem um relacionamento transparente com as diversas partes interessadas. Dentro dessa abordagem, o conceito de externalidades — efeitos sociais, econômicos e ambientais indiretamente causados pela venda de um produto ou serviço — é um erro de design do sistema econômico vigente. Portanto, a valoração de uma empresa deve integrar em seu P&L (Profit & Loss) o impacto positivo e negativo que gera no ecossistema em que atua, através da mensuração do impacto de capital natural, social e humano.

Capital natural refere-se ao impacto gerado, por exemplo, no uso de água, poluição do ar, conversão de terras, conservação de florestas, geração de resíduos, para as atividades de negócio da empresa, como produtos, serviços e processos.

Capital social refere-se ao relacionamento da empresa com a sociedade e pode ser traduzido em impostos, desenvolvimento territorial territorial, eco-beneficios comunitários.

Capital humano refere-se a toda relação com colaboradores, fornecedores e terceiros, que pode ser mensurado através de salários e benefícios, saúde e segurança, direitos humanos, geração de renda e diversidade e inclusão.

A mensuração das compensações entre impacto positivo e negativo para cada um desses capitais — natural, social e humano — nos apresenta um "net", ou seja, um resultado de valor sócio-ambiental (*societal value*) gerado pela organização. Esse resultado deve ser integrado ao quanto a empresa gera de resultado econômico, entropicamente. Assim, conseguimos fazer análises estratégicas para processos de tomada de decisão ampliada, não excluindo o impacto gerado por suas atividades.

Um negócio regenerativo está em uma jornada de traduzir seus esforços de impacto para que o "net" de cada um dos capitais apresentados acima seja positivo. Essa nova forma de medir valor econômico de uma organização é mais uma chave para avançarmos em direção a futuros regenerativos.

Como tendência, dentro dessa nova economia, estamos trabalhando para criar créditos rastreáveis, mensuráveis e auditáveis, tais como créditos sociais, que possam financiar por exemplo projetos de empoderamento feminino como o padrão W+, desenvolvido pela WOCAN, em 2014, que a partir de uma metodologia com seis domínios, sendo eles, conhecimento e educação, economia de tempo, liderança, segurança alimentar, saúde e rendas e ativos. Um crédito gerado atesta o aumento de 10% na qualidade de vida de uma mulher.

Esses créditos estão sendo comercializados e adquiridos por várias organizações que querem fazer compensações em seu capital social, por exemplo.

Bem como os créditos de biodiversidade que podem ser mecanismos para a proteção de áreas de maior biodiversidade, incluindo aquelas com espécies ameaçadas, e vincular essas compensações a metas mensuráveis. Um exemplo, são os créditos de biodiversidade para a proteção da onça pintada no pantanal, gerados pela ERA Brazil (Ecosystem Regeneration Associates).

Renda digna ou salário digno

O salário digno leva em consideração um cálculo de quanto uma população de determinada região precisa para obter conforto, fazer todas as refeições, garantir o acesso a um saneamento básico de qualidade, educação, saúde, além de meios de locomoção, entre outras necessidades, incluindo uma reserva para imprevistos. Um conceito diferente da relação com o salário-mínimo, que proporciona condições mais limitadas. No Brasil, vemos empresas como a Dengo Chocolates que já incorporam a renda digna em sua agenda social. A empresa é responsável por pagar cerca de 90% a mais para os produtores de cacau do que a média do mercado e teve 38% dos produtores recebendo uma renda digna, em 2023.

Na mesma linha, a Natura&Co, grupo que inclui marcas como Avon e Natura, anunciou que atingiu a meta de oferecer salário digno para todos os funcionários na América Latina em 2023. O compromisso faz parte da Visão 2030, estratégia de sustentabilidade da fabricante de cosméticos, lançada em 2020 e atualizada em 2023.

Outro ponto que foi trabalhado pela Natura&Co foi a renda equitativa para excluir possíveis disparidades de gênero. Em 2022, a companhia encerrou as diferenças salariais entre homens e mulheres e reduziu as diferenças salariais brutas na América Latina. No Brasil, ainda foi trabalhada a questão da raça, eliminando a diferença salarial racial.

Analisando o salário digno por estado no Brasil, teríamos, por exemplo: R$ 2.599,46 em São Paulo, R$ 2.211,60 no Acre, em comparação com R$ 1.412,00 como salário-mínimo em todo o país. Ou seja, essa nova medida é uma possível maneira para a redução das desigualdades sociais.

Muitas oportunidades de atuação, não é mesmo? E isso nenhuma AI fará por nós. Serão as lideranças que farão as mudanças necessárias em direção à economia regenerativa. Vamos, então, para nosso último capítulo, e, depois de olhar para dentro e olhar ao redor, olharemos agora para frente. Tomando seu lugar como partida, qual o primeiro ou qual o próximo passo você dará?

4

CULTIVAR

"Vocês andaram dizendo às pessoas que esta é a Décima Primeira Hora. Agora vocês precisam voltar e dizer a essas pessoas que a Hora é agora. E que há coisas a serem consideradas:

Onde vocês estão morando? O que vocês estão fazendo? Quais são os seus relacionamentos? Vocês estão em boas relações? Onde está a água de vocês? Conheçam o seu quintal.

É o momento de falarem a sua Verdade. Formem as suas comunidades. Sejam bons uns com os outros. E não procurem fora de vocês pelo líder. Este poderia ser um tempo muito bom! Há um rio que agora está correndo muito rápido. Ele é tão grande e ágil que chegará a assustar alguns. Esses vão tentar ficar na margem, e se sentirão como que deixamos de lado, e vão sofrer muito. Saibam, o rio tem o seu destino. Os anciãos dizem que precisamos deixar a margem, saltar para o meio do rio, manter os olhos bem abertos e as cabeças acima da água. Veja quem está lá dentro com vocês e celebrem. Neste momento da história, não devemos fazer nada sozinhos, no mínimo entre nós mesmos. Quando fazemos, nosso crescimento e jornada espiritual tem uma parada. O tempo do lobo solitário acabou. Reúnam-se! Abandonem a palavra esforço, conflito, da sua atitude e do seu vocabulário. Tudo o que fizermos agora, precisa ser feito de uma maneira sagrada e em celebração.

Nós somos aqueles que nós mesmos estávamos esperando".

Oração dos indígenas Hopi, do Arizona

UAU! CHEGAMOS ATÉ AQUI. COMO VOCÊ ESTÁ SE SENTINDO?

Será necessário cultivarmos habilidades para atuarmos como lideranças regenerativas. Vamos abordar que atributos são esses? Antes de conversarmos sobre cada um desses poderosos atributos é imprescindível lembrar que uma liderança regenerativa se conecta com o seu sentir integrado ao seu pensar.

Em um mundo cada vez mais complexo e interconectado os líderes não podem mais se basear apenas na racionalidade e no pensamento analítico. Embora o pensamento racional seja essencial para a resolução de problemas e na tomada de decisões, é o **sentir** que realmente conecta os líderes às suas equipes, comunidades e ao meio ambiente de maneira profunda e significativa. Uma liderança sustentável precisa de uma base emocional sólida, onde a empatia, a intuição e a conexão humana são valorizadas tanto quanto a racionalidade.

Sentir nos ajuda a desenvolver resiliência especialmente porque as emoções nos fornecem informações valiosas sobre nossa capacidade de lidar com desafios e mudanças. Da mesma forma, a criatividade que surge da nossa capacidade de sentir e imaginar novas possibilidades fomentando uma cultura de inovação. O sentir nos ajuda a ver o quadro geral, integrando múltiplas perspectivas e compreendendo as interconexões entre sistemas sociais, econômicos e ambientais. A liderança regenerativa requer uma visão holística, sistêmica e onde as decisões são informadas não apenas pela lógica linear, mas pela intuição e pela percepção emocional das relações complexas entre os elementos de todo o ecossistema.

Partimos então para compreender a essência dos atributos que devemos cultivar para sustentar uma liderança rumo à regeneração dos negócios!

Autenticidade

Ser um líder autêntico é fundamental! A autenticidade não é apenas uma questão de transparência e sinceridade. Envolve uma conexão profunda consigo mesmo e com os valores que guiam nossas ações.

Você já percebeu que toda vez que tem uma conversa verdadeiramente autêntica (consistente) automaticamente transmite confiança? E essa confiança transmitida muitas vezes inspira e motiva os outros ao seu redor? Quando nos expressamos como realmente somos e nos comunicamos de forma transparente e íntegra, motivamos!

Ser legítimo começa com um profundo autoconhecimento, entendendo nossas próprias forças, fraquezas, valores e crenças que carregamos ao longo da nossa vida. Estar ciente das nossas emoções e de como estas emoções influenciam as nossas comunicações, decisões e comportamentos é fundamental. Isso nos torna autênticos!

Além disso, a autenticidade envolve um fator superimportante: reconhecer que ninguém é perfeito. Líderes autênticos são humildes e estão dispostos a admitir erros, pedir ajuda e aprender com os outros.

A autenticidade é a capacidade de ser verdadeiro consigo mesmo e com os outros. Tem a ver com inspirar confiança e respeito, pois as nossas ações estão alinhadas com os nossos valores e crenças. A autenticidade fortalece a resiliência (vamos falar sobre ela logo mais), pois nos permite enfrentar desafios de maneira honesta e transparente, sem máscaras ou pretensões. Ser autêntico é estar presente e conectada com nossa verdadeira essência e assim potencializar como liderar com integridade e propósito!

Protagonismo

Em nossa jornada pela vida, muitas vezes nos encontramos desempenhando papéis passivos, reagindo às circunstâncias e permitindo que o destino dite nosso caminho. No entanto, quando tomamos as rédeas de fato, da nossa própria vida, da nossa existência, de quem somos e construímos a nossa trajetória com intenção e propósito nos tornamos protagonistas da nossa própria história!

E ser a protagonista da nossa própria vida começa com a nossa responsabilidade pessoal. Isso significa reconhecer que somos os principais responsáveis por nossas escolhas e ações. Faz sentido para você?

Quando aceitamos essa responsabilidade, rompemos com a mentalidade de vítima e passamos a ter o poder de transformar nossa realidade. E esse estado emocional cria uma relação mais amorosa e de compaixão com a vida de forma geral. É maravilhoso e poderoso!

Uma liderança protagonista da sua trajetória profissional não pode ser subestimada porque significa inspirar ação, articular uma visão clara, promover inovação, empoderar os outros, construir parcerias e ser responsável e transparente. E, consequentemente, guiam suas organizações em direção a práticas regenerativas com o objetivo de criar um impacto positivo duradouro no mundo rumo a um futuro mais equitativo.

Presença

Muito bem, para ser autêntica e protagonista dessa narrativa linda que é a vida é necessário exercitar constantemente o nosso estado de presença. Quando foi a última vez que você se percebeu em estado de presença praticando a atenção plena, sem distrações, se sentindo calma, com clareza mental e conectada profundamente com o que acontecia ao seu redor naquele momento? Reflita sobre isso!

Quando estamos de fato presentes, nos permitimos atuar com clareza, intuição, empatia e resiliência facilitando a criação de soluções que promovem a prosperidade.

Por isso o estado de presença é central na liderança regenerativa, justamente porque representa um estado de consciência profunda, sem distrações e engajamento total no momento presente. Isso conecta e credibiliza as relações!

Tal estado permite aos líderes perceberem de maneira mais clara e intuitiva as dinâmicas dos sistemas em que estão inseridos, promovendo uma tomada de decisão sistêmica alinhada com os princípios regenerativos.

Na maior parte dos momentos em equipe percebemos que as conexões no ambiente de trabalho só aconteciam com qualidade quando o exercício do estado de presença era constante. O poder de estar ali e agora, conectados ao propósito da equipe no momento, uma conexão da organização com o todo, reverbera qualidade nas nossas conversas, na compreensão sistêmica e na ação imediata.

Exige disciplina e prática diária: meditar, refletir sobre as experiências, sobre as decisões que tomamos ao longo da vida e seus impactos, praticar a escuta ativa (compreender verdadeiramente o que está sendo dito sem julgamento ou interrupção), estar em contato com a natureza dentre outras práticas, ajudam a cultivar uma mente calma e focada. Aumentam a nossa autoconsciência e a capacidade de responder ao invés de reagir automaticamente às situações.

Jon Kabat-Zinn, professor emérito de medicina, diretor fundador da Clínica de Redução do Stress e do Centro de Atenção Plena em Medicina, na Escola Médica da Universidade de Massachusetts e criador do programa de Redução de Estresse Baseada em Mindfulness (MBSR), destaca a importância de estar presente e consciente para cultivar uma mentalidade de abundância. Em seu livro *Wherever You Go, There You Are: Mindfulness Meditation* in *Everyday Life*, sugere que a prática do *mindfulness* nos ajuda a apreciar plenamente o momento presente, promovendo um senso de abundância e contentamento.

Interessante, não? Conversaremos sobre pensamento abundante adiante! A habilidade de se estar completamente imerso no momento presente, conscientes de nossos pensamentos, emoções e sensações corporais nos permite responder às situações de maneira mais consciente e intencional em vez de reagir automaticamente. Além disso, ajuda a promover decisões mais informadas e empáticas.

A prática do silêncio — outro atributo superimportante — é uma porta de entrada poderosa para o estado de presença, pois nos ajuda a acalmar a mente e a focar o agora!

Paciência

Não é novidade que o mundo está cada vez mais acelerado, constantemente pressionado para resultados rápidos e, especialmente impaciente. Neste contexto, a paciência se destaca como uma qualidade valiosa e transformadora indispensável para uma liderança regenerativa.

Uma liderança paciente oferece uma abordagem necessária de ponderação. Permite tomar decisões mais informadas dedicando tempo necessário para analisar profundamente as situações considerando que nossas ações podem ter impactos de longo prazo em todo o ecossistema; além de construir relações fortes, contribuir para a resiliência organizacional e sem dúvidas promover soluções regenerativas duradoras. Para uma liderança com a missão rumo à transição de uma economia baseada na regeneração, requer um entendimento profundo dos ciclos naturais e dos tempos de regeneração. Líderes pacientes respeitam esses ciclos, permitindo que a natureza siga o seu curso e se regenere de maneira saudável.

Além disso, ter paciência evita que tenhamos reações impulsivas frente aos desafios ou pressões diárias e nos ajuda a considerar múltiplas perspectivas e alternativas, essencial para fortalecer relações de confiança. Demonstrar paciência nas interações com suas equipes, parceiros e comunidades mostram respeito e valorização pelos outros promovendo a colaboração.

Outro ponto importante é que este atributo tem um papel fundamental em momentos de situações de conflito porque permite aos líderes ouvir todas as partes envolvidas, compreender profundamente as preocupações e trabalhar em direção a soluções mutuamente benéficas. Isso é crucial para manter a coesão e a harmonia dentro da organização.

Ao cultivar a paciência, a liderança estará melhor equipada para guiar suas organizações em direção a um futuro mais sustentável e equilibrado promovendo mudanças profundas e duradouras capacitados a navegar de forma eficiente pelos desafios complexos e interconectados que a regeneração demanda.

Certamente você já se beneficiou (e muito) dos momentos em que soube esperar, avaliar e certamente agiu no momento oportuno, o que garantiu que as suas ações fossem mais eficazes, certo? Reflita e introduza no seu dia a dia a prática de ser paciente.

Coerência

A reputação de um líder é construída ao longo do tempo e o atributo coerência assegura que a reputação permaneça positiva e alinhada com os objetivos regenerativos da organização.

Isso porque ser coerente transmite transparência e integridade, reforçando inclusive a sua autenticidade, elementos cruciais para construir e manter a confiança. Quando os líderes agem de acordo com suas palavras e valores, as pessoas ao redor se sentem seguras e confiantes para seguir sua liderança, além de o líder ser visto como genuíno e digno de respeito. Não é assim mesmo?

Líderes coerentes são previsíveis em suas ações, o que reduz a incerteza e a ambiguidade dentro da organização. Isso facilita a colaboração e a coesão, pois os membros da equipe sabem o que esperar de seu líder.

Em última análise, a coerência permite que os líderes guiem suas organizações de maneira íntegra, eficaz e inspiracional, pois *"a palavra convence; o exemplo arrasta"*.

Resiliência

A resiliência é uma qualidade essencial para enfrentar as complexas e interconectadas problemáticas climáticas e sociais que desafiam a nossa era. As crises ambientais, como as mudanças climáticas e os problemas sociais, como a desigualdade e a injustiça, exigem não apenas respostas imediatas, mas também a capacidade de adaptação e recuperação a longo prazo. A verdadeira resiliência vai além da simples resistência. Ela envolve a capacidade de aprender e crescer a partir dos desafios enfrentados.

Por isso, ser resiliente é uma qualidade admirável que nos permite enfrentar adversidades e desafios com coragem e determinação! É a nossa capacidade de nos levantarmos após uma queda, de encontrarmos força em meio à dificuldade e de continuar seguindo em frente mesmo quando o caminho parece impossível. É a nossa capacidade de lidar com as perdas, frustrações e mudanças, mantendo a esperança e a determinação.

E essa "força" que a resiliência nos permite ter não é apenas física, mas emocional e mental. Uma oportunidade de amadurecimento e autoconhecimento. Ser resiliente nos permite evoluir, aprender com nossos erros e nos tornar versões melhores e mais fortes de nós mesmos, servindo de inspiração para aqueles que estão ao nosso redor. Pense com carinho: quando foi a última vez que você se percebeu resiliente frente a algum desafio? A nossa resiliência pode motivar outros a enfrentar seus próprios desafios com coragem!

Ser um líder resiliente é crucial! Tenha certeza disso, pois ser um líder resileinte ajuda a manter estabilidade e clareza em tempos de crise, promovendo o bem-estar e a coesão da equipe que tem como foco a sustentabilidade e a regeneração a longo prazo, fomentando uma cultura de aprendizado contínuo.

Fazer isso capacita a liderança a guiar a organização diante as complexidades do mundo moderno entendendo que as mudanças regenerativas requerem tempo e perseverança.

Pensamento abundante

Pensar de forma abundante é ter uma mentalidade que reconhece e valoriza a plenitude de recursos, oportunidades e possibilidades em nossas vidas. Vai além do simples otimismo! E o mais maravilhoso é entender que esse tipo de pensamento pode ter impactos profundos em nossa saúde mental, bem-estar e sucesso pessoal.

O pensamento abundante, sustentado por diversas pesquisas, promove uma vida mais rica e significativa. Quando adotamos de fato essa mentalidade não só melhoramos a nossa saúde mental e bem-estar, mas também automaticamente nos capacitamos a enfrentar desafios com uma perspectiva positiva e resiliente. E, como líderes, ao incorporá-lo em nossa vida diária, podemos criar um ambiente de crescimento e prosperidade contínuos nas organizações.

Robert Emmons, professor de psicologia na **Universidade da Califórnia**, destaca como a prática da gratidão pode fomentar um pensamento abundante. "*Ao focar o que temos e apreciar as coisas boas em nossas vidas, cultivamos uma mentalidade de abundância que promove o bem-estar emocional e a satisfação*".

Esse *mindset* positivo e expansivo permite que os líderes abordem desafios e oportunidades com uma perspectiva de crescimento, colaboração e inovação, em vez de escassez e competição, incentivando que a equipe acredite em seu potencial e busque a inovação e crescimento. Vamos explorar a importância do pensamento abundante na liderança regenerativa e como ele pode ser cultivado!

Práticas de *mindfulness* e autoconsciência nos ajudam a desenvolver uma mentalidade de abundância. Ao estarmos presentes e conscientes dos nossos próprios pensamentos e crenças, podemos identificar e substituir padrões de pensamento de escassez assim como celebrar as conquistas e apreciar o que já foi alcançado ajuda a reforçar uma mentalidade de abundância. Reconhecer e valorizar nossos progressos, por menores que sejam, incentiva um pensamento e uma cultura de gratidão e positividade.

Tudo bem até agora? Você consegue se enxergar com esses atributos que a tornam uma líder regenerativa?

Ótimo! Então, para isso, exercitemos o próximo atributo, não mais importante que os demais, mas crucial para refletirmos como estamos experienciando a nossa vida: o silêncio!

Silêncio

Quando foi a última vez em que você ficou em silêncio? Talvez enquanto caminhava pela natureza?

Você sabe o que o silêncio pode nos oferecer? A verdade é que se soubéssemos o valor que o silêncio nos proporciona, deixaríamos de estar sempre à procura de entretenimento ou de estímulos visuais e auditivos nos nossos momentos de lazer. Ou mesmo evitando estar em silêncio em situações que não necessitamos interagir.

E a grande realidade é que lidamos de uma forma distorcida com o silêncio porque estar nele implica entrar em contato conosco. Fugimos do silêncio porque fugimos de nós mesmos (das feridas que temos ignorado ao longo da vida). Além disso, a nossa sociedade não nos ensina a nos conectar ou ouvir a nós mesmos pois procuramos a todo tempo ocupações que nos distraiam constantemente.

A sensação de nos permitirmos estar em silêncio nem sempre é fácil porque muitas vezes nos conecta com nossos medos, preocupações e até desejos. Mas reflita como é poderosíssimo! Estar em silêncio nos permite nos conhecermos e voltarmos a nós mesmos. O que realmente gostamos? Esse cheiro... a que me remete? Descobrir que gosto disso ou daquilo… ou que sou assim… Descobertas que nos oferecem a oportunidade de revelar nossos anseios e opiniões, de recuperar as nossas forças e a nossa voz! Quer algo mais valiosos do que esta conexão?

Quando você se conhece e se aceita, quando aprende a se amar e a estar consigo mesmo, não há outro lugar melhor no mundo! Se você não tem a prática de ficar em silêncio pergunte a si mesmo: Por que eu tenho medo de ficar comigo mesmo?

Por isso este atributo é essencial para líderes regenerativos, proporcionando autoconsciência, redução do estresse, melhor comunicação e promoção de uma cultura organizacional positiva. Ao alcançar um nível mais profundo de autoconsciência, clareza e conexão com o ambiente ao seu redor através da quietude da mente e do corpo, emergem *insights* reveladores e importantes que te ajudam a examinar cuidadosamente suas opções e decisões, levando em consideração não apenas os fatos racionais, mas também suas intuições e valores mais profundos criando um impacto positivo e duradouro em suas organizações, ao seu redor e no mundo.

Além disso, praticar o silêncio ajuda a liderança a estar mais presente e atenta em conversas, ajudando na comunicação clara, objetiva e eficaz. Com uma mente tranquila, articulamos nossas ideias e intenções de forma mais precisa e impactante. Em um mundo repleto de ruídos e distrações, o silêncio oferece um espaço para reflexão e autoconsciência. Este estado de quietude é essencial para se cultivar a resiliência provocando a clareza e a calma necessárias para enfrentar e superar adversidades da complexidade mundial que enfrentamos.

Implemente na sua rotina cultivar o estado de silêncio. Práticas regulares de meditação, um tempo só para você em algum lugar que te conecte consigo mesma, longe das distrações da nossa vida moderna.

Experimente!

Flow

Em algum momento da sua vida você esteve completamente envolvida em alguma atividade em que, sem perceber o tempo passar (em estado de concentração profunda), sentiu um enorme prazer, estado de realização, sem qualquer receio dos desafios que estava enfrentando e completamente ciente da sua capacidade, das suas habilidades?

Se sim, você pode dizer que o estado de *flow* é um atributo que lhe pertence! A regeneração é sobre restaurar, renovar e revitalizar os sistemas naturais e humanos. No coração desta filosofia, encontra-se o conceito de *flow*, um estado de imersão total que nos permite alcançar nosso máximo potencial e promover mudanças positivas significantes.

Estar no estado de *flow* não é apenas uma experiência individual de bem-estar e produtividade, é um catalisador para a regeneração em larga escala. Quando estamos em *flow*, nos sentimos completamente alinhados com nossos valores e objetivos, capazes de enfrentarmos desafios com criatividade e determinação. Este estado de imersão profunda nos permite acessar uma fonte inesgotável de energia e inspiração, que é essencial para liderar iniciativas regenerativas.

E muitos são os benefícios desse atributo importante para uma liderança regenerativa, essa clareza ajuda a identificar soluções inovadoras para problemas complexos, desde a restauração de ecossistemas até a implementação de práticas empresariais sustentáveis.

O estado de *flow*, ou fluxo, é um conceito desenvolvido pelo psicólogo Mihály Csíkszentmihályi, referindo-se a um estado mental altamente focado, de imersão total e concentração absoluto em uma atividade, caracterizado por uma sensação de produtividade, satisfação e envolvimento visceral, onde as habilidades e os desafios estão perfeitamente equilibrados.

Para a liderança regenerativa, alcançar e fomentar o estado de *flow* é essencial para promover a inovação, a criatividade (desenvolvendo soluções novas e inovadoras para problemas complexos), eficiência e bem-estar, tanto individual quanto coletivo. E a tendência é que as pessoas se tornem cada vez mais produtivas porque estão profundamente envolvidas e engajadas em suas tarefas. Isso resulta em um trabalho de maior qualidade e mais eficiente.

E como a liderança pode facilitar o *flow* no dia a dia da organização? Proporcionar um ambiente de trabalho que minimize distrações e interrupções, promovendo uma cultura de respeito à concentração e também oferecendo flexibilidade nas formas de trabalho.

Comunicar objetivos claros e bem definidos ajuda a direcionar o foco e a energia, expressando claramente as metas e expectativas, para que todos saibam exatamente o que estão tentando alcançar.

Promover autonomia e confiança em suas habilidades também desperta o sentimento de valorização que incentiva e contribui para o estado de *flow* da equipe.

Aprendizagem ativa

O ambiente de negócios está em constante evolução, impulsionado por avanços tecnológicos, mudanças de mercado e desafios globais cada vez mais complexos, desde mudanças climáticas até desigualdade social. E essa "corrida" desenfreada por conhecimento e inovação requer uma postura ativa da liderança à procura de conhecimento provocado pela curiosidade ativa de aprender constantemente.

Uma liderança que aprende ativamente está automaticamente atualizada em relação às últimas tendências e inovações além de não apenas aprimorar suas próprias habilidades e conhecimentos, como também capacitar e inspirar suas equipes a fazerem o mesmo.

A aprendizagem ativa estimula o pensamento crítico e criativo, incentivando a exploração de novas ideias e soluções além de habilidades técnicas e competências interpessoais, tornando-os mais versáteis e eficazes.

Outro ponto bastante interessante é que muitas práticas de aprendizagem ativa envolvem trabalho em equipe e colaboração, desenvolvendo habilidades interpessoais e de comunicação. Em contextos regenerativos a colaboração é essencial para alcançar objetivos comuns e promover mudanças sustentáveis. Com isso, promovem uma cultura organizacional que valoriza o desenvolvimento pessoal e profissional. Isso resulta em equipes mais engajadas e motivadas.

Colaboração profunda

Como já mencionado no decorrer da nossa escrita, a vida prospera de muitas maneiras, principalmente por meio da colaboração profunda que pode revelar um futuro muito mais positivo e diferente para a humanidade. E, muitas vezes, o primeiro passo para colaborar com algo ou com alguém, em sua maior ou menor exponencialidade, vem da reflexão sobre qual é a minha verdadeira vocação. Como eu posso me tornar um agente de mudança positiva escolhendo o caminho da regeneração e da cooperação cocriando um mundo melhor juntos?

A colaboração e a liderança regenerativa são conceitos que compartilham vários princípios fundamentais, especialmente no contexto atual rumo à regeneração onde prosperar juntos ao invés de competir são cruciais. Ambos enfatizam a importância das relações, da cocriação e da visão de longo prazo para alcançar objetivos que beneficiem as pessoas e todo o ecossistema.

O ato de colaborar envolve construir relacionamentos autênticos e significativos. E esses relacionamentos fortalecem o trabalho em equipe e criam uma cultura organizacional onde todos se sentem valorizados e comprometidos. A colaboração profunda resulta na criação de valor coletivo e, por óbvio, beneficia a organização e a comunidade de forma mais ampla e significativa. Uma rede colaborativa, por exemplo, é capaz de transformar significativamente o mundo e a sua relação com o meio ambiente com projetos que geram recursos renováveis abundantes, que fomentam a solidariedade, dentre outros que com uma visão interconectada abre caminho para uma nova era de transformação.

Como você se sente até aqui? Você se identifica?

Acreditamos profundamente na interconexão e na sinergia de todos os atributos que se retroalimentam, se fortalecem mutuamente e, também, criam uma base sólida para liderar com eficácia, empatia e visão a longo prazo.

A resiliência é reforçada pelo silêncio, que nos oferece a clareza e a calma necessárias para enfrentar desafios. O estado de presença, cultivado pelo silêncio, nos permite estar atentos às nossas reações e emoções, promovendo uma resposta mais consciente e resiliente às adversidades. A autenticidade, por sua vez, é fortalecida pela presença e pelo silêncio, pois nos conecta com nossa verdadeira essência e nos permite agir com integridade.

E, por último, mas não menos importante, é preciso entender como sustentar a vitalidade, nutrindo e regenerando a nossa convivência com o mundo em que habitamos e para isso é imprescindível entender a felicidade como pilar de uma vida plena!

Em nosso cotidiano, muitas vezes somos absorvidos por rotinas e preocupações que podem obscurecer o brilho da vida. No entanto, viver a vida de forma feliz não é apenas um luxo ou uma opção, é uma necessidade essencial para uma existência verdadeiramente satisfatória e significativa. A felicidade é mais do que um sentimento passageiro, ela é um estado profundo e duradouro que reflete nossa capacidade de encontrar beleza e propósito, mesmo nos aspectos mais simples e cotidianos da vida. Esta perspectiva não apenas enriquece a forma como experienciamos a nossa vida, mas também impacta nossa saúde física e mental.

Viver feliz exige prática e intencionalidade. Apreciar o presente, encontrar gratidão nas pequenas coisas e cultivar uma mentalidade positiva. Incorporar a alegria em nosso dia a dia envolve desenvolver hábitos que promovam bem-estar!

É um compromisso de abrir nossos corações para a plenitude da experiência humana e de celebrar a vida em todas as suas nuances, enriquecendo a nossa própria jornada e contribuindo para um mundo mais luminoso e compassivo.

A grande chave é entender que a via do coração é a grande via integradora!

Manter com sabedoria a amorosidade consigo mesmo, sustenta a vitalidade de todos os atributos que capacitam para uma liderança transformadora, elevando o nosso padrão de consciência e nos mantendo neste estado maravilhoso que é o da coerência cardíaca durante o maior período possível da nossa existência! Esse estado nos proporciona harmonia, equilíbrio e paz interior.

Pesquisas do **HeartMath Institute** mencionam que os estados de coerência cardíaca não são um estado de repouso, passivo e local. A simples presença de um indivíduo em estado de coerência cardíaca beneficia muitos ao seu redor. Veja que transformador e potente!

Fazemos aqui um convite especial para você que, temos certeza, se identificou como líder regenerativo: conecte-se de todas as maneiras pelo seu coração e esse estado de cooperação gerado pela coerência cardíaca naturalmente a levará para o caminho do crescimento sustentável, da pacificação e da prosperidade de toda a humanidade!

Chegamos ao final dessa travessia juntas e antes de nos despedir, deixamos aqui uma pergunta: você consegue ver o futuro regenerativo que cocriamos em 2050? Sugerimos uma meditação guiada para ver a beleza que estamos construindo.

Iríada, a deusa do futuro, veio nos contar em seu mito.

"No futuro, conta-se um mito sobre o passado. A história de uma civilização que esquecera da própria nudez, adornada por camadas e camadas de véus. O escoar de uma ânsia incessante pelo belo. Seus véus sofisticados eram sinônimos de orgulho, mas rapidamente se mostravam insuficientes. E a cada estação,

buscavam-se novos adornos na esperança de saciar essa insatisfação persistente como uma sombra.

Quando, de repente, em um dia especialmente solar, a cidade foi surpreendida. Um vento poderoso e fugaz soprou forte. Correu ruas, invadiu casas, erguendo os véus revelando o que há tempos estava encoberto. Muitos, sem pensar, se cobriram apressadamente, agarrando-se aos panos como se agarrassem a fragmentos de si. Já outros, não. Contemplaram o que redescobriram e reconheceram na sua nudez, pura e primordial, a própria natureza. Nada era mais belo e harmônico que aquilo. Aqueles tocados pela clareza do vento, experimentaram a completude quando enxergaram-se natureza. No decorrer de gerações, estes seguiram soprando véus como semeadores dessa revelação. Até que a consciência de que a beleza e a harmonia se expressam em sua forma mais refinada na natureza de si e do todo guiasse a nova ordem social, sendo jamais novamente esquecida. Iríada foi como ficou conhecida a Jornada do Desvelar, quando a sociedade reencontrou sua nudez e se reconstruiu, agora entrelaçada com os fios da natureza. Venho aqui e agora contar essa história para que Iríada se inicie hoje com os caminhos abertos pelos sopros dos que reconhecem a si como natureza e sabem que a beleza e a harmonia verdadeiras não são criadas, são descobertas." fonte: IRIS Negócios Regenerativos

ESTE LIVRO FOI ESCRITO RESPEITANDO-SE A LEI DA Polaridade (que já abordamos aqui); parte dele no inverno do sul global e parte no verão do norte global. Com o desejo de que seja sempre primavera nos corações de todas nós. Com amor,

Bruna e Flavia

PARA SE APROFUNDAR

Livros:

AKOMOLAFE, Bayo. *These wilds beyond our fences: letters to my daughter on humanity's search for home.* Berkeley: North Atlantic Books, 2017.

AURÉLIO, Marco. *Meditações de Marco Aurélio.* Tradução de Edson Bini. São Paulo: Edipro, 2019.

BENTO, Cida. *O pacto da branquitude.* São Paulo: Companhia das Letras, 2022.

Bhagavad Gita (há várias publicações sobre o clássico indiano)

BHAGAVAD GITA. Diversas edições.

BLAVATSKY, P. Helena. *A voz do silêncio.* Tradução de Fernando Pessoa. São Paulo: Alma Livros, [s.d.]..

BRENNAN, Barbara. *Rethinking neural networks: quantum fields and biological data.* core light healing. [S.l.]: [s.n.], [s.d.].

Caibalion - Hermes Trimegisto (há várias publicações sobre o tema)

CAPRA, Fritjof. *A teia da vida: uma nova compreensão científica dos sistemas vivos.* São Paulo: Cultrix, 2006.

CARSON, L. Rachel. *Silent Spring.* EUABoston: Houghton Mifflin, 1962.

DAMÁSIO, R. Antônio. *O Erro de Descartes: Emoção, Razão e o Cérebro Humano*. São Paulo: Companhia das Letras, 1996.

EISENSTEIN, Charles. *The more beautiful world our hearts know is possible.* Berkeley: North Atlantic Books, 2013.North Atlantic Books, Berkeley, Califórnia, EUA, 2013.

GOETHE, W. Johann. *A metamorfose das plantas*. (1790). São Paulo: Edipro, 2019.

GOETHE, W. Johann. *Theory of colors*. (1810.) - Tradução de Charles Lock Eastlake. Cambridge: The M.I.T. Press, 1970.

GUZMÁN, Delia S. *Os jogos de Maya*. Brasília: Edições Nova Acrópole, 2021.

HERMES TRISMEGISTO. *O Caibalion*. Diversas edições.

HOLDREGE, Craig. *Thinking like a plant: a living science for life*. Great Barrington: Lindisfarne Books, 2013.

HUTCHINS, Giles; STORM, Laura. *Regenerative Leadership*. London: Wordzworth Publishing, 2019.

KAPLAN, Allan; DAVIDOFF, Sue. *Ativismo dDelicado: uUma abordagem radical para mudanças*. São Paulo: Bambual Editora, 2024.

KRENAK, Ailton. *A vida não é útil*. São Paulo: Companhia das Letras, 2020.

KRENAK, Ailton. *Ideias para adiar o fim do mundo*. 2. eEd. São Paulo: Companhia das Letras, 2020.

KUMAR, Satish. *A simplicidade elegante*. São Paulo: Palas Athena, [s.d.].Palas Athena.

MATÉ, Gabor; Maté, Daniel. *O mito do normal: trauma, saúde e cura em um mundo doente*. Rio de Janeiro: Editora Sextante, 2023.

MIES, Maria; SHIVA, Vandana. *Ecof Feminismo*. Diversas edições.

PRIBRAM, H. Karl. *Brain and perception: holonomy and structure in figural processing*. Hillsdale: Lawrence Erlbaum Associates; 1991.

RAWORTH, Kate. *Economia Donut: uma alternativa ao crescimento a qualquer custo*.Tradução de George - Kate Raworth Tradução de George Schlesinger. Rio de Janeiro: Zahar, 2019.

RIBEIRO, Sidarta. *Sonho Manifesto*. São Paulo: Companhia das Letras, 2022.

ROHDEN, Huberto. *Educação do Homem Integral*. São Paulo: Martin Claret, 2009.,

RUIZ, Dom Miguel. *Os quatro compromissos: - oO livro da fFilosofia tTolteca*. Rio de Janeiro: Best Seller, 2005.

SANFORD, Carol. *Regenerative business*. London: Nicholas Brealey, 2017.

SANFORD, Carol. *The regenerative life: transform any organization, our society, and your destiny*. London: Nicholas Brealey Publishing, 2020.Regenerative Life – Transform any organization, our Society and your destiny. Nicholas Brealey Publishing, 2020.

VERGÈS, Françoise. *Um feminismo decolonial*. São Paulo: Ubu Editora, 2020.

WAHL, C. Daniel. *Designing regenerative cultures*. Axminster: Triarchy Press, 2016.Regenerative design.

Artigos:

CHANCEL, Lucas; PIKETTY, Thomas. Global Income Inequality, 1820-2020: The Persistence and Mutation of Extreme Inequality. *Journal of the European Economic Association*. Vol. 19, n. 6, p.3025-3062, 22 dez. 2021.

Links:

GLOBAL LIVING WAKE COALITION. The Anker methodology for Estimating a Living Wage. Disponível em: https://www.globallivingwage.org/about/anker-methodology/. Acesso em: 29 de maio de 2025.

MONTEIRO, Marcelo. Emergência e evolução: a visão pioneira de Goethe sobre o reino orgânico. Medium, 2023. Disponível em: https://medium.com/@acheopterix/emerg%C3%AAncia-e-evolu%C3%A7%C3%A3o-a-vis%C3%A3o-pioneira-de-goethe-sobre-o-reino-org%C3%A2nico-258c7f99cd35. Acesso em: 28 de maio de 2025.

WOCAN. Women Organizing for Change in Agriculture and Natural Resource Management. Disponível em: https://www.wocan.org/. Acesso em: 29 de maio de 2025.